法学 憲法 基礎

新田浩司 編著　　鈴木陽子　成瀬トーマス誠　鈴木崇之　金光寛之

Basics of Jurisponstitutional Law

八千代出版

執筆分担（掲載順）

新田浩司　高崎経済大学地域政策学部教授

　第1部第1講、第4講、第5講、第2部第1講、第11講、第12講

鈴木陽子　高崎経済大学地域政策学部教授

　第1部第2講、第8講、第2部第2講〜第4講、第10講

成瀬トーマス誠　国士舘大学法学部准教授

　第1部第3講、第7講、第2部第5講、第9講

鈴木崇之　国士舘大学法学部非常勤講師

　第1部第6講、第2部第6講〜第8講

金光寬之　高崎経済大学地域政策学部教授

　第1部第9講〜第12講

はしがき

　2019年の終わりごろに発生した新型コロナウイルス（COVID-19）は、また
たく間に世界中に感染が拡大しました。これに対し諸外国では、罰則規定を
設けるなど強制力をもって外出や移動を制限する都市封鎖（ロックダウン）が
行われました。

　わが国においても、政府は、2020年4月に感染拡大を防ぐため、緊急事態
宣言を発し、海外渡航の制限、国内における移動の自粛、在宅勤務、飲食店
に対する営業自粛要請がなされ、また、小中高の臨時休校や、大学では遠隔
講義に切り替えるなど教育にも大きな影響を及ぼしています。

　緊急事態宣言は、諸外国と異なり強制力がなく、あくまで国民に対する自
粛要請でしたが（その後法改正により罰則規定が設けられています）、この宣言は、
改正新型インフルエンザ等対策特別措置法という法律に基づいてなされてい
ます。この宣言により、実質的に、憲法が保障する移動の自由や営業の自由
などが制限されています。

　国家の最大の使命は、国民の生命や財産を守ることであると言えますが、
場合によっては、感染症の拡大を防ぐなどのため、国家は国民のそれらの人
権を制限、侵害する場合もあります。立憲主義とは、憲法に基づいて政治を
行うという考え方で、憲法によって、政府の恣意的な権力の行使を制限し、
国民の権利を守ろうとするものです。

　法学は法や法律を体系的に理解する学問ですが、社会あるところには必ず
行動の準則としての規範がありますが、その一つが法です。そして、憲法は
国家の根本法、最高法規とされています。

　私たちが法学や憲法について学ぶことは、主権者として必須であるといえ
ます。また、裁判員として身につけなければならない一般常識といえます。

　本書では、はじめて法学、憲法を学ぶ人たちを対象として、わかりやすい
内容を心掛けて作成しています。そもそも法とは何か、そして国家の最高法
規である憲法とはどのようなものかについて詳しく解説しています。

最後に、本書の出版を快諾して頂いた八千代出版森口恵美子社長、編集担当の御堂真志氏には校正などで大変お世話になりました。執筆者を代表してここに厚く御礼を申し上げます。

2021 （令和3） 年3月

新 田 浩 司

目　　次

はしがき

第 1 部

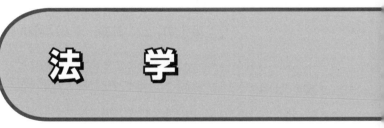

法　学

法学を学ぶにあたって
（法学を学ぶ者の心得）

本講のねらい
・法とは社会のルール（社会規範）の一種である。
・法はどのような意味があるのだろうか。
・法の支配（Rule of Law）とは何か。
・法は生きており絶えず変動している（制定、改正、廃止）。
・リーガル・マインド（法律的な物の考え方）とは何か。

第1節　法の意義―法とは何か

　私たちは社会の一員であり、そこで生活するためには一定のルールが必要であり、そのルールを守ることによって社会の秩序が保たれる。

　「およそ社会あるところに法あり（ubi societas, ibi ius）」という有名な法諺（ほうげん、法格言ともいう）があるが、ここでの法は、近代国家における社会のルール全般を意味しており、法はそれらのルールの一つである。

　私たちは、離れ小島に一人で暮らすロビンソン・クルーソーと違い、多くの人々で構成される社会の中で生活している。社会において人と人とは何らかの相互関係があり、他人との接触、交渉は避けることができない。そして、その社会においては何でも自由に行えるわけではなく、様々な制約が課せられている。

　私たちはそれぞれが様々な思考、異なる人生観・世界観を持つ。そのような、多様な人々の構成される社会の秩序を維持するために守るべき様々なルールが存在する。たとえば、将棋などのゲームやサッカーなどのスポーツ競技にもルールがあり、ルールがなければゲームやスポーツ競技は成り立たない。家庭、地域、学校、職場などの社会においてもまた、ルールが存在す

るのは当然といえよう。

　私たちの社会には礼儀作法以外にも、道徳や慣習、習俗など様々なルールがあるが、このようなルールのことを、**社会規範**と呼ぶ。私たちが社会生活を営むためには、これらの規範を守らなければならないのである。特に法は私たちが守らなければならない最低限のルール（ミニマムルール）であり、私たちは法に対する正しい知識を身につけることにより、社会生活を円滑に送ることができる。

　法は私たちが守るべき規範であり、法学（法律学）はこの法を対象とする学問の総称である。

　ドイツの法学者**オットー・ギールゲ**（Otto Friedrich v. Gierkem, 1841-1921）は、「人の人たる所以は人と人との結合にあり」と述べているが、人々が共同生活を営むことこそ、まさに「人の人たる所以」であり、その共同生活を営む場が社会である。

　社会は、地域社会、市町村や都道府県、国、あるいは大学などの教育機関、ボランティア団体、会社、宗教団体など様々な形で存在しており、私たちはそれらの社会の構成員である。

　それらの社会においては、その社会を構成する人々の間でしばしば、いさかいが起きてしまう。たとえば、夫婦間においても夫婦喧嘩などの争いごとは起き、それを放置すればやがて夫婦関係は破綻してしまうかもしれない。

　近年、**コンプライアンス**（compliance、法令順守）という言葉を耳にする機会が多い。これは、主に企業がルールや社会的規範を守って行動するという意味で用いられるが、法令は企業だけではなく、私たち個々人もまた同様に守らなければならないことは言うまでもない。

　たとえば、私たちがうっかり公衆の列に割り込んだり、列を乱したら、罪に問われることもある（軽犯罪法1条13号）。軽犯罪法なんて知らないよ、と言ってもお巡りさんは許してくれないのである。また、法令に対する知識がなければ、自らの権利を主張できない場合も起きてしまう。「権利の上に眠る者は、保護されない」という古代ローマの法諺があるが、たとえば、自宅を建てるために土地を購入した人が、法務局や・登記所への登記をしないま

までいると、いつの間にか他人が勝手に土地を登記するかもしれないのである（民法177条は、「不動産に関する物権の得喪及び変更は、不動産登記法……その他の登記に関する法律の定めるところに従いその登記をしなければ、第三者に対抗することができない。」と定める）。

　法に対する正しい知識を得るということは、個々の条文を知るだけではなく、法全体に対する正しい考え方・正しい解釈を身につけることでもあり、その結果、私たちは自らの権利を守ることが可能となる。

　「法はすぐれて価値的な要素を含む規範の体系であり、規範の定立ないし適用によって利害や価値の対立をできる限り理性的に調整し秩序づけようとする人間の実践的試みに他なら」（平野＝亀本＝服部『法哲学』7頁）ず、多くの人々で構成される社会で生活する上では、このような対立を最小化するルールが必要である。

第2節　法の意味するところ

　法にはいくつかの意味があるが、まず、法は社会規範の一つである。社会規範には、他に道徳、習俗、慣習、宗教などがあり、私たちの行動を規律する役割を果たす。また、法を含む社会規範は、私たち人間が社会生活を送る上で必要な「かくあらねばならない」という、**当為** (sollen) の在り方を意味するものであることである。

　新型コロナウイルス感染対策のため、マスクを着けない者に対し何らかのペナルティーを科すことができれば、マスク着用率は各段に向上すると思われる。しかし、現状ではわが国においてマスクの着用を法的に強制しておらず、あくまでも、国民に対する依頼、道徳的要請であるにすぎない。これに対して、たとえば、人を殺したり、物を盗んだ、壊したりすることは、法的に禁止されており、何らかの罰を受けたり弁償しなければならなくなる。

　法には**実効性**、すなわち社会において現実にその構成員により順守・貫徹されていることが求められると同時に、法には**妥当性**も求められる。つまり、法は公正・適切でなければならない。

　そして、法は社会の構成員に対し、あるべきである内容の実現を図り、あ

るべきではない行動を処断する**強制力**を持つ。法は、国家によって制定・承認されるが、その遵守を国家権力が私たちに強制する。そして、法は深く正義と関連している。

ドイツの法学者**イェーリング**（Jhering, R. v., 1818-1892）は、「法的強制を欠いている法規はそれ自体が自己矛盾であり、燃えない火、輝かない光というに等しい」と述べている。法の生命は"強制"にあるといえよう。物理的強制力の裏付けを持たない法は、実効性を欠く。強制力を持つことがまさに道徳など他の社会規範との大きな違いである。

法はその要求するところの目的を実現するために、国家権力により遵守が強制される社会規範である。強制力を持つことにより、違反者に対しては一定の制裁が可能となる（これらについては、第3講において詳述する）。

ところで、法と法律という用語は広義においては同義語として使用されるが、狭義において、法律とは、国家の議決によって成立する法規を言う。法律は法よりも狭い概念である。

第3節　法の支配 (Rule of law) とは何か

かつて、ヨーロッパの絶対王政時代においては、君主が専断的な政治を行っていたが、君主という一人の人間が国民を支配し、専制的な政治を行うような政治状態が人の支配である。

国家権力の行使は、国民の意思を反映する法に基づいてなされるべきであり、為政者も国民も同じように法を守らなくてはならない。その審査を行うのは裁判所である。このような政治状態が**法の支配 (Rule of law)** であり、現代国家の憲法にほぼ一様に採用されている。

イギリスの法学者**ダイシー**（Albert Venn Dicey, 1835-1922）によれば、「法の支配」は以下の内容を持つものとされる。つまり①専断的権力の支配（人の支配）を排した基本法の支配であること、②すべての人が法律と通常の裁判所に服すること（法の前の平等、特別裁判所の禁止）、③具体的な紛争について、裁判所における判例の集積が基本法の一般原則となること、である。

国民の意思を反映した、国民の代表者で構成される議会の定めた法を根拠

に、裁判所が事件を裁くことになるが、この法の支配の考え方は日本国憲法も採用しており、41条（国会の地位）、76条（司法権の機関と裁判官の職務上の独立）、81条（最高裁判所の法令審査権）、98条（憲法の最高性と条約及び国際法規の遵守）において具体化されている。

第4節　法を学ぶ意味─どのように法を学ぶか

1　法令の目的を知る

　法は、私たちが社会生活を営む上での準則、つまり、守るべき法則であり、私たちはそれら準則の制定目的を知り、それに従い生活していかなければならない。それは、私たちが外国に滞在する際にも心得なければならないことであり、その国にはその国の文化や伝統あるいは宗教に根ざした法規範が制定されており、私たちはどこにいようと社会生活を送るためには、絶えず様々な法規範を意識していかなければならないのである。

　にもかかわらず、私たちは、知らず知らずのうちに、罪を犯してしまう可能性がある。たとえば、日本では成人の飲酒は禁止されていないが、飲酒が禁止されているイスラム教国での飲酒行為は犯罪となる。

　あるいは、私たちは法を犯していないにもかかわらず犯罪の被疑者、容疑者にされてしまう可能性がある。後を絶たない**冤罪**（えんざい）事件は、普通に暮らしている人々が、ある日犯罪者とされてしまう恐ろしさを思い知らされる。

2　法は生きている─法の制定・改正・廃止

　社会が変化するに伴い、法もまた絶えず変化している。近年においても、新型コロナウイルス感染症のまん延を防止するため、新型インフルエンザ等対策特別措置法が改正され、政府は、32条1項に基づき、緊急事態宣言を行った。

　また、かつては、マナー、道徳などの領域だったものが、法により禁止されるようになることがある。たとえば、歩き煙草が条例で規制されたり、飲酒運転の多発化に伴い罰則強化がなされたりする。逆に、変化の著しい現代社会においては、人間関係なども変わり、そして、そこに住む人々の意識も

変わってくる。

　特に、憲法の規定する個人主義 (13条) や法の下の平等 (14条) などが理解され、民主主義的倫理観が人々の意識の中に定着するようになると、それまでの封建的倫理観は古い時代遅れのものとなってしまう。

　たとえば、儒教的な親孝行の観念に基づく尊属殺重罰規定が、法の下の平等に反し違憲であるとの最高裁判決により、旧刑法 200 条が削除されている (同法は、「自己又ハ配偶者ノ直系尊属ヲ殺シタル者ハ死刑又ハ無期懲役ニ処ス」と定めていた)。

　あるいは、医学の進歩により有効な治療方法が確立することにより、長らくハンセン病患者の人権を侵害してきた、らい予防法が廃止されたりした。

　そして、AI (Artificial Iintelligence、人工知能) やロボットの出現など、今まで考えも及ばなかったような新しい技術が開発されている。それらに対応するための新たな法が制定されたり、社会の変遷に伴い、既存の法が改正され、あるいは廃止される。このように、法は生きており絶えず変動しているのである。

3　法律的な物の考え方 (リーガル・マインド) について

　私たちの生活は、様々な領域で法と関わっている。新聞を読んだり、テレビを見れば、日々様々な事件が起きており、現在行われている各種の裁判の様子を知ることができる。そして、自らが当事者となる可能性もある社会に生きている。法令により私たちの権利が侵害されたり守られたりする。法に関する知識は、現代社会においては、すべての国民が身につけていなければならない常識と言えよう。

　法律を知らなくても生きていける、というようなのどかな時代ではないのである。かつて、為政者は、「子曰く、民は之に由らしむべし、知らしむべからず」(論語泰伯篇) として、人々に対しては法の内容を知らせず、人々はただこれに服従すればよいと考えていた。

　現代社会において私たちは自らの権利を守るためにこそ、法の内容をよく認識しなければならないのだ。法は為政者のためだけにあるものではなく、むしろ、私たちの生活や権利を守るためにこそ必要なのである。

2009 年 5 月から導入された裁判員制度は、重大な刑事裁判に国民が参加するものである。国民から選ばれた裁判員が職業裁判官と共に裁判を行う制度であり、これにより、国民が法になじむことが期待される。

　法文とその言葉の意味を知るためには、**法律的な物の考え方**（リーガルマインド、legal mind）が重要である。つまり、①物事を感情的にではなく、冷静に論理的に筋道を立てて考え、判断を下していくことのできる心構え、②その判断が概ね一般常識によって認められ得る程度の大局的見地に立った公正中立なものであり得るものである。

　ある事件が発生した場合、感情的にその事件を捉えるのではなく、それはどのような法律に触れるのか、そして、該当する法律の立法目的を踏まえ、その法律をその事件に当てはめた場合、どのような処置をすればよいのかと考えるのが、法律家の採るべき考え方である。そして、裁判員制度が開始された現在においては、このような法律的な物の考え方は、国民が身につけなければならない常識であると言えよう。

コラム　法律を知らなくても生きていける？

　日本には 8000 を超える法令（議会が制定する法規範である法律と、行政機関が制定する法規範である命令の総称）が存在する。その中には、日本国憲法を始めとして、刑法や民法といった重要な法律もある。

　これらの法令を知らないと生きていけないのか。むろん知らなくても生きていけるが、知らないことによるデメリットも多い。法令に対する理解がないことにより、自分の権利が守られない場合もある。

　たとえば、最近テレビやラジオで「過払い金返還請求」という言葉を耳にすると思う。私たちがお金に困ったときに誰かに借金する場合がある。身近に気前よくお金を貸してくれる人がいればいいのだが、そうでなければ、銀行などの金融機関からお金を借りることになる。

　お金を金融機関から借りる場合の利息は法律による制限がある。ところが、利息を算出する根拠となる法律が 2 種類あり、混乱していた。つまり、消費者金融などの貸金業者が定める利息と、法定利息である利息制限法の貸出利率に差があり、かつて、消費者金融などの貸金業者の多くは出資法の上限利息の 29.2 ％（2010 年 6 月 18 日以降は 20 ％）で貸し出していたのである。

　一方、利息制限法では貸出利率の上限は 10 万円未満が年 20 ％、10 万円以上 100 万円未満が年 18 ％、100 万円以上が年 15 ％のように決められており、これらの差額がいわゆる「過払い金」なのだ。しかしながら、一定期間が過ぎてしまうと時効により、請求できなくなってしまう。債権等の消滅時効に関する民法 166 条に基づき、過払い金返還請求権は 10 年で消滅してしまうのである。

　法律を知らなくても生きていくことはできる。知らなくても得する場合もあるが損をする場合もある。金銭的な損失ならまだよいが、法律に無知であるがゆえに、犯罪行為を行ってしまうこともあり得る。法律の知識は生きていく上では決して無駄ではない。

第2講 法 と 国 家

本講のねらい
・国家の成立要件は何か。
・国家の形態にはどのようなものがあるか、また国家の分類方法にはどのような方法があるか。

　共同体としての国家は古くはギリシアの都市国家や中国の古代国家に遡ることができ、またその定義も様々である。本講では、国家を「一定の地域を基盤として、その所属員の包括的な共同目的の達成を目的に、固有の支配権によって統一された非限時的の団体」（佐藤『憲法〔第3版〕』）とし、近代国家に限定し説明していく。

第1節　国家成立の要件

　領土、国民、政府は国家を構成する要素であり、国家成立の三要件といわれる。国家成立の三要素にある領土は国家の空間的基盤であり、国民は人的基盤である。そして政府は実力をもって行使する支配権であり、主権とも呼ばれる（日本国憲法の主権の概念については第2部第3講も参照のこと）。

　国際法では、1933年に南米ウルグアイのモンテビデオでアメリカと中南米諸国で締結された「国の権利及び義務に関する条約（CONVENTION ON RIGHTS AND DUTIES OF STATES モンテビデオ条約）」1条で、国際法の主体となる国家の要件が挙げられている。ここでは永続的な住民、明確な領域、政府（主権）の三要件に加え、国家の成立要件として他国との関係を結ぶ能力、すなわち独立していることとしている。

1 政府 (主権)

主権には**対内主権**と**対外主権**の2つの側面がある。対内主権とは、国内において国家権力が最高のものであり、領域内で排他的・自由な統治を行う権能を持っていることをいい、統治権、領域権ともいわれる。これは国家がその領土において国民を支配し、組織を保持する統治作用を行うための統一した意思となる。対外主権は独立権といわれ、国際社会において国家が、他の国家や国際主体からの支配や干渉を受けることのない独立した存在であることを意味する。また、国家の意思決定を行う権利を確保するために、国家には他国の国内問題に干渉してはならないという**内政不干渉、国内事項不干渉の原則**がある。

国家の主権の具体的内容として国際法では、平等権、自衛権、使節権、条約締結権などが国の基本権として認められている。平等権とは、領土や人口の規模などに関係なく、各国家は法的に平等なものとして扱われる (**主権平等原則**)。自衛権は、国連憲章51条で「個別的又は集団的自衛の固有の権利」とされ、国家の基本権のひとつとされている。ただし自衛が合法であるためには、自衛措置が武力攻撃に対応する必要なものでなければならず (必要性の要件)、受けた武力攻撃に対して均衡がとれていなければならない (均衡性の要件) という2つの要件を満たすことが必要である。

2 領土 (領域)

国家の領域は陸地と水域、そしてこの上部の空間で構成されており、この空間において**国家は排他的に自由な支配**を行うことができる。国家の領域のうち陸地の部分を**領土**、水域の部分を**領水**といい、その上空が**領空**と呼ばれる。領水は河川や湖沼、内海、港湾などの内水と領海からなる。海岸の低潮線を基線とし、海に向かって最大12海里 (約22.2 km) の領土の海岸に沿った帯状の海域である**領海**は、国家の主権が及ぶ領域の一部である。領海の外側、基線から24海里 (44.4 km) の海域は**接続水域**とされ、国家は密入国や密輸入の出入国管理や伝染病など衛生に関する法令の違反の防止や処罰を行うことが認められている。接続水域の外側、基線から200海里 (約370 km) は**排他的経済水域 (EEZ)** として、海域と海底、そして海底の地下に対して天然資源

の探査、開発、保存、管理のための主権的権利や、人工的な島や施設の設置と利用に関する管轄権、海洋の科学的調査に関する管轄権、海洋環境の保護、保全に関する管轄権が認められている。

領土と領海の上空である領空と宇宙空間は異なる法秩序に属するものとされ、宇宙空間は宇宙法と呼ばれる国際法による。しかし領空と宇宙空間の境界については、いまだ合意に至っていない。

3 国　　民

個人の特定の国家の所属員としての資格を国籍といい、国籍を有するものがその国の国民とされる。自国民の範囲は各国が自由に決定できるものであり、「国籍の抵触についてのある種の問題に関する条約（国籍抵触条約1930年）」1条でもその国の権限としている。日本国憲法でも10条で国籍の取得要件は法律（国籍法）によって定めるとしている。

国籍の付与の方式には先天的取得と、後天的取得がある。先天的取得とは出生による取得であり、両親の国籍によらず領域内で出生した子に国籍を付与する生地主義と、両親の国籍に従って国籍を付与する血統主義がある。日本はかつて、父親が日本国籍を持つ場合のみ国籍を認める父系優先血統主義によって国籍が付与されていた。しかし1979年に国連で採択された「女子に対するあらゆる形態の差別の撤廃に関する条約（女子差別撤廃条約、日本は1985年に締結）」や国際結婚の増加などから、1985年に両親のいずれかが日本国籍を有していれば子に日本国籍が付与される両系血統主義に変更された。国籍の後天的取得には、本人の意思により国籍が付与される帰化がある。婚姻による国籍取得も（広義の）帰化とされる。

国籍の決定は各国の権限とされているため、2つ以上の国籍を持つ**重国籍**や国籍をもたない**無国籍**が起こる。国家が国際法に反し外国人の身体や財産を侵害した場合、その外国人の本国の権利が侵害されたものと擬制され、本国は外交的保護を行うことができる。しかし重国籍者や無国籍者である場合、外交的保護を行使できる国の決定をどのようにするかという問題や、またどの国からも保護を受けられないといった問題が生じる。

第2節　国家承認

　植民地が宗主国による支配から脱して新たな国家を形成する独立や、国の一部分が分かれて新国家を形成する分離、複数の国が合同して新国家を形成する合併、そして合意に基づいて他国を自国に編入する吸収合併、一つの国が分かれて複数の国家が成立する分裂などによって、新たな国家が成立する。

　新しく国家が成立した際に、他国から**承認**がなされる。承認には新しく成立した国家を承認する**国家承認**、革命やクーデターによって非合法的に政府が変わった際に、新政府がその国を代表するものとして承認する**政府承認**がある。国家承認は本講第1節で説明した国家の要件を満たすことが必要であり、特に、実効的政府が確立されているか、つまり新しい国家が実効的な支配力を確立し、人々がその政府に従うことを必要とされる。これは**実効性の原則**といわれる。そのため国家承認の要件を満たしていない国家を承認することは、本国に対する干渉にあたるといえるため、**尚早の承認**（premature recognition）として国際法上は違法とされる。

1　承認の方式

　承認の方式には、(1) 法的承認と事実上の承認、(2) 明示の承認と黙示の承認、(3) 集合的（集団的）承認がある。

　(1) 明示の承認と黙示の承認　　承認は明示的にも黙示的にも行うことができる。明示的承認は**承認の意思を直接表明する方法**で、被承認国との条約締結における明示や外交上の書簡や祝電、国会や国際会議などでの表明などによって行われる。被承認国へ意思の表明を伝達する必要はなく、国内において表明されるだけでもよい。

　黙示的承認は承認の意思が直接表明されるものではないが、**承認を行う国家の行為を通じて間接的に承認の意思が表される**。この例として正式な外国関係の樹立や国旗の承認、領事に対する許可状の交付、重要な二国間条約の締結などがある。

　ただし単なる領事の派遣や、未承認国を含む多国間条約の批准、外交特権が与えられない通商代表部の設置などは、黙示的承認にあたらないものとさ

れる。

(2) 法的承認と事実上の承認　　通常の承認は**法律上の承認**（de jure recognition）によって行われるが、暫定的な**事実上の承認**（de facto recognition）が行われることもある。事実上の承認が行われるのは、新しい国家の権力が不安定であったり、政治的な配慮のために正式な承認を行うことを避ける場合に行われる。

(3) 集合的（集団的）承認　　承認は個別的に行われることを原則とするが、複数の国家が同時に行うこともある。複数の国家により多国間条約の締結や国際機関の決議などによって**集団的に承認が行われる**ことを集合的（集団的）承認という。国際連合に加盟が認められた加入承認が、国家承認を意味するかについては見解が対立しているが、否定説が通説である。

2　国家承認の法的効果

国家承認がどのような法的効果を持つのかについて、学説は**創設的効果説**と**宣言的効果説**に分かれる。創設的効果説では承認によって国家は国際法上の主体となり、承認されていない国家は事実上の存在にすぎない。19世紀から20世紀にかけての欧米を中心とした国際法秩序において、国家承認を受けていない国家は国際法上の主体としての国家として認められず、植民地化の対象とされうる存在であった。対して宣言的効果説では、他国による承認は、国家成立という事実の存在を確認して宣言するものにすぎず、国家は成立と同時に国際法の主体となるとされる。かつて日本では創設的効果説が多数に支持されていたが、現在では後者の宣言的効果説が多数説となっている。ただし違法な武力行使によって成立した国家に対しては、国家として承認すべきではなく、むしろその国家を承認しない義務が課せられるとされる。

承認の効果は、**承認を与える国と与えられた国との間でのみ、効果を生じる**。また一度与えた法的承認は撤回できないとされている。承認が与えられた国家はすでに主権国家であり、創設的効果説においては承認を撤回することは国家を否定することになるためである。

第3節　国家の形態

　法学における国家形態の分類は、国家権力をどのように行使するかという統治の様式を指標とし、その区分には君主制と共和制、専制国家と立憲国家，単一国家と連邦国家などがある。

　まず**君主制**と**共和制**の区分は統治権を持つ人の数による。君主制は**単独の支配者が統治権を持つ**もので、君主の地位を子孫が受け継いでいく世襲による世襲君主制か、世襲によらず互選によって君主を選出する選挙君主制がある。世襲君主制は明治憲法下の天皇をはじめとして、歴史上数多くある。選挙君主制の例として、選帝侯がローマ王を選出していた神聖ローマ帝国や現在でも国王を統治者会議で選出するマレーシアがある。君主制はさらに君主の統治権限が法によって制限される制限君主制、君主の統治権限に制限がなく、君主がすべての統治権を持ち自由に権力を行使できる絶対君主制に区分される。ただし君主制である国家であっても、法的に絶対君主制として区分される国家は現在ない。対して共和制は、**国民が統治権者であり、国民から直接・間接に選出された代表者によって統治する**形態である。また少数の統治者として支配する貴族制もある。

　専制国家と立憲国家の区分は、国家権力の行使に対する制限方法の有無である。専制国家は**国家権力の行使が憲法によって制限されることなく、支配者の意思のみで権力の行使が行われることが可能**である国家をいう。これに対し立憲国家とは、**統治を憲法に定められたルールに基づいて行う国家**であり、政府の権威や合法性の根拠は憲法による（立憲主義については第2部第1講を参照のこと）。

　単一国家と連邦国家の差異は、主権が分有されているかという点である。単一国家とは、**対外的にも対内的にも単一の中央政府によって統治**され、国家の主権が分有されない国家である。日本をはじめスウェーデンやフランスなどが単一国家である。一方、連邦国家とは、**複数の州（支分国）が憲法によって結びつき単一の主権を形成し、中央政府が対外関係や外交を処理**する。州（支分国）は自治的存在として対内的には広範な権限を保有するが、対外関

係においては連邦が主体となる。そして州の国民は連邦の国民としての国籍を有し、連邦の権力も国民に直接及ぶ。アメリカやドイツ、スイスはこの連邦制をとっている。

コラム 失敗国家

　失敗国家は破綻国家、崩壊国家ともいわれ、政治の腐敗などにより権力が弱体化して政府が国家を制御できない、つまり法体系を維持できず公共サービスも提供できないという状態にある国をいう。

　アメリカ、ワシントン D.C. に本部を置く NGO の平和基金会（Fund For Peace：FFP）は、失敗国家指標（The Fragile States Index）に基づく国家の安定度ランキングを毎年発表し、世界 178 カ国を 12 の主要な政治的、社会的、経済的指標に基づいて順位づけしている。2020 年のランキングではフィンランドやノルウェイ、スイスなどが「非常に持続的」な国とされ、イエメン、ソマリア、南スーダン、シリアは「超高警戒」の国とされている。このうち日本は「安定的」な国のひとつとして、位置付けられている。

　国家の安定度を測る指標には、内戦や戦争がなく安全が確保されているかや、社会の様々なグループ間の分裂の有無といった国家のつながりについての指標がある。経済的指標には、一人当たりの所得、国民総生産、失業率、インフレ、生産性、債務、貧困レベルによって測定される社会全体で進行している経済的衰退と、人種、民族、宗教などのグループ、または教育、経済状況、地域都市と農村の格差などに基づく構造的不平等がある。政治的指標には、健康、教育、水と衛生、輸送インフラストラクチャ、電力、インターネットの接続などの公共サービスを提供する基本的な国家機能の存在、人権の保障がある。そして社会分断の指標として、人口増加率や年齢による人口の偏り、食糧不足などの人口指標や難民、国内難民が基準となっている。

法 の 概 念

本講のねらい
・社会規範とは何かを理解する。
・社会規範にはどのようなものがあるのか、そしてそれぞれどのような
　ものであるのかを理解する。
・法の特質について、他の社会規範との対比の中で理解する。

第1節　人間と社会と社会規範

　人間は社会的な動物である。社会との接点を持たずに、1人だけで生きて
いくことは不可能である。そして社会の中では、人々が共同生活を送ってい
る。当然、それぞれの人が好き勝手にしていては秩序が保てず、安心して暮
らしを営むこともままならなくなってしまう。そのような事態をさけるため
に、社会には必ず何らかの形でのルールが存在するのである。「社会あると
ころ法あり」という諺が存在する所以であり、社会の秩序を保つためのルー
ルを**社会規範**と呼ぶ。

　しかし、社会のルールにも様々な種類がある。そこで本節では、代表的な
社会規範について説明していく。もっとも、それらの社会規範はそれぞれが
独立・排他的なものではなく、重なり合うことに注意が必要である。

1　社会の階層性と部分社会

　人間社会は多様であり、いくつもの社会に分かれている。法学や憲法を学
ぶ上で強く意識することになる「国家」も、社会の一つである。しかし、国
家というひとつの大きな社会の中には、様々なより小さな社会がある。そし
てそれらの社会のそれぞれにルールが存在するのである。

　この点について少し掘り下げてみたい。全体社会と**部分社会**という形で対

比されることもあるが、全体社会の中には様々な団体があり、部分社会が形成されている。たとえば大学や会社、学校、地方公共団体、地方議会、宗教団体、学生のサークルなど、様々な形で存在している。そしてそれらの団体は自主的に運営されており、自律した存在となっている。そのような、当事者の自主性に委ねられた自律的な団体の内部の事柄については、それらの団体が独自に決めることが認められている。このようにして、様々な自律的団体がそれぞれにルールを持つようになるのである。

それらの団体の内部事項について裁判所が関与できるか否かについては、議論がみられる。もっとも、それらの団体は多種多様であり、自律が認められる根拠も様々である。たとえば大学であれば憲法23条の学問の自由、宗教団体であれば憲法20条の信教の自由、というように根拠が異なるのである。また、それらの団体の目的や強制加入か任意加入か、といったファクターも異なってくる。さらには問題が団体内部の事柄にとどまるのか、それともそれを超えて市民としての権利にも影響を及ぼすものであるのかも問題となる。このように様々な判断要素があるものの、純粋に内部事項である場合にはその団体の自律が尊重され、裁判所は立ち入らないこともある。

このように様々な団体が様々なルールを持っていることから、おのずと様々な社会規範が重層的に形成されるのである。もっとも、それらの各団体のルール以外にも、社会の中で形成されてきた様々な社会規範がみられる。以下では代表的なものをいくつかみていきたい。

2 習俗規範

社会規範として重要なものの一つが、**習俗規範 (慣習規範)** である。習俗とは、社会の中で人々が、無意識的に繰り返し行ってきた行為のことを指す。古くから行われてきた「習わし」もしくは「風習」であることから、日常の中に様々な形で溶け込んでいる。例えば、お正月におせち料理を食べる家庭が多いが、それもその一つとして挙げられる。そして習俗規範とは、そのような風習に基づく社会のルールのことである。会議や宴会などで人が一つの部屋に集まる時には、上座・下座というように参加者の序列によって座る席が決まっていることも多いが (大抵の場合、入り口から一番遠い席が上座とされ、入

り口に近くなるにつれ下座となっていく）、このように「マナー」のような、慣習がなかばルールとなっているものを習俗規範と呼ぶのである。なお、慣習の中には法として認められているものもあり、特に国際法の領域では大きな存在感を有している。

3 宗 教 規 範

宗教規範も、社会規範のひとつとして挙げられる。**宗教規範**とは特定の宗教の教えに基づくルールのことである。たとえば、キリスト教において日曜日が安息日にされていることや、イスラム教において豚肉を食べることが禁止されていることなどが挙げられる。もっとも、宗教規範はしばしば道徳や法と重なることがある。モーセの十戒では殺人や窃盗が禁止されているが、それは宗教上の戒律としてのみではなく、道徳とも重なるものである。また刑法で殺人罪や窃盗罪が定められていることから、法とも重なるものである。

4 道 徳 規 範

宗教規範と繋がりが深い**道徳規範**も、代表的な社会規範の一つである。道徳の定義自体も深い問題であるが、さしあたり善悪の判断についての基準であり、人々の行動や制度を規律する規範ないし価値であるということができる。また道徳は内心の義務意識として「善い行い」を求める規範である。「善い行い」を求めるということから法との重複がみられ、また歴史の中において法と道徳は未分化の時代が長くみられたことからも、両者の関係は緊密であり、それだけに区別には困難が伴うのである。

第2節　法 の 特 質

ここまで、様々な社会規範についてみてきた。それら以外にも**礼儀規範**などの社会規範が存在するが、では、法とはどのような社会規範であろうか。「法がどのような概念であるのか」について説明をすることは、なかなか困難なものと言わざるを得ない。法は人間社会のルールのうちの一つであるが、歴史の中では他の様々な規範と未分化であった時期も長くみられた。現在でも他の諸規範と内容や対象がしばしば重複するものである。

もっとも、定義が困難であるとはいえ、様々な形で定義や説明が試みられ

てきた。そのような中で、法が社会規範であること、強制的であること、国家権力によって保障されるものであること、組織的なものであること、という各点を挙げる定義が参照される。これらの特徴のうち、**行為規範**（人の行為を律する、人の内面ではなく外面について律する規範）と**組織規範**（公的機関の組織について定める規範）については、第1部第5講で詳しく解説されているのでそちらに委ね、ここでは強制力についてより詳しくみていきたい。

　法は社会秩序の維持を目的とする規範であるが、この点については他の社会規範も同じである。しかし大きな違いとして挙げられるのが、法には**強制力**が伴っているという点である。法の本質を「支配」に求める見解もみられるが、そのような見解からはなおさら、この強制力を持つという点が法の特質として強調される。法を破った場合には裁判をはじめとして様々な形での「強制措置」が取られることになる。しかし、強制する方法は裁判だけに限られるものではなく、有形・無形の様々な方法がある。

　まず、従うよう心理的に仕向ける**心理的強制**と、物理的な力を用いて従った場合と同じ状況を作り出す**物理的強制**という分け方ができる。また、破った場合に不利益を科すことで従うように仕向ける**消極的強制**と、逆に従うことに利益を与えることで従うように仕向ける**積極的強制**という分け方もある。一般的なのが消極的強制であるが、そのわかりやすい例が刑罰である。刑法では故意に人を殺した場合には殺人罪に問われるが、そのような刑罰を設けることで殺人という行為を行わないように仕向けているのである。また、積極的強制の例としては、政策に合った活動に対する補助金などが挙げられる。大半の人は自発的に、つまり強制されずに、自ら法に従っているかもしれない。しかし、そこでの「自発性」は本当に「自発的」であるのか、心理的なものを含む様々な強制手段の帰結であるのか、検討の余地があるのではないだろうか。

　このように「強制される」というのが法の一つの重要な要素であるが、他の社会規範にも強制を伴うものはある。たとえば、とある実家暮らしの学生の家では、門限が夜10時であるとする。家族も社会の一つであり、「門限」のようなルールはその規律を守るためのルールであるということからひとつ

の社会規範といえる。さらには、守らないとお小遣い減額などのペナルティーが課される場合、消極的強制が行われるものといえる。では、どこが法とは違うのだろうか。ここで注目されるのが「誰が強制するのか」という点である。法を破った場合、それを強制するのは国家の役目である。一方、門限を破っても国家は動かない。このように、強制を行うために国家権力が発動されるというのが、法の特徴なのである。

　ここまでみてきた各点は、法の定義に際して示されてきた代表的な要素である。もっとも、ここまで読んできた中で、当てはまらない例が頭に浮かんだ人もいるかもしれない。いわゆる任意法のように、必ずしも強制されない法もある。このように法の主要な特質とされるものであっても当てはまらない例があることからも、その定義が困難なものになっているのである。同時に、そのことから他の社会規範との区別も時に難しいものとなる。以下では、法と他の代表的な社会規範（道徳、習俗、宗教）と法の違いについてみていきたい。

第3節　法と他の社会規範との相違

　ここまで、様々な社会規範についてみてきた。では、法はそれらの社会規範とどう違うのだろうか。そもそも、これらの諸規範は歴史の中で社会の発展や複雑化によって枝分かれしてきたという面もあることから、一概に違いを示すことは難しい。特に法と道徳の違いをめぐっては、2000年以上議論が続けられているとされるほどである。以下では、法と道徳、法と習俗、法と宗教、のそれぞれについて、その違いを大まかに確認していきたい。

1　法と道徳

　まず法と道徳の区別については、様々な見解が示されている。そもそも、法と道徳は大きく重なり合うものである。たとえば刑法が規定する殺人罪や窃盗罪は不道徳な行為ともされている。このように、両者が重なり合う部分は多くみられるのである。しかし、かといって両者は常に一致するものではない。日本において車は左側通行とされているが、それ自体は道徳と直接的には関係していない。一方で公共交通機関の中でお年寄りに席を譲らないこ

とのように、道徳的に問題はあるが法的に問題のない行為もあれば、他方で道徳的ではあるが違法になる行為もある。このように大きく重なり合いつつも一致しない面も大きいことから、その違いをめぐって様々な議論がなされているのである。

　両者の違いに関する代表的な見解として、動機説、対象説、基準説、領域説、強制説、が挙げられる。

　まず**動機説**とは、法は行為の合法性を、道徳は行為の道徳性を、それぞれ求めるという点で、両者は「動機」が異なるとする見解である。

　対象説とは、法は人の外面的行為を、道徳は人の内面的行為を、それぞれ規律の対象としているという見解である。つまり規律する対象が外部に現れた行為かそれとも内心か、という点で違うとするのである。この見解は、法が「行為規範」でありその外的行為を規律の対象とすることに注目する。しかし、時に法は内面に注目することがある。殺害するという意思（殺意）を持って他者を殺害した場合、それは殺人罪になる。一方、殺害するつもりではなかったのに死なせてしまった場合、つまり殺意がなかった場合には、過失致死罪になる。このように、他人を殺害したという面では同じ行為であっても、その際の内面の作用が違っていることによって問われる罪や刑の重さが変わるのである。この例のように、法は内面に関与することもあるのである。反面、道徳も時には内面だけでなく特定の行為を要求することがある。たとえば、公共交通機関の中でお年寄りに席を譲ることは道徳的な行為とされる。しかし、そこで「道徳的」と評価されるのはその行為についてであり、その時にどう考えていたかは問われていない。このように、対象説に対しては法が内面に関与することがあることや、道徳が人の外的行為を評価の対象にすることもあること、などから批判がなされている。

　基準説とは、何を基準にしている規範か、という点に注目する考えである。道徳的か不道徳的であるか、その基準は「理想」に求められる。すなわち、現実的なものではなく、あくまでも「理想的なあり方」に照らして道徳的かどうかが判断されるのである。一方、法はあくまでも事実的ないし現実的なものに基づいて「平均人」、つまり通常の判断能力を持ち、普通に行動する

人間を基準とするのである。この見解は、法と道徳の違いの一面を示すものとして重要な手がかりを提供するものであると評価されるが、具体性が乏しく、抽象的にすぎるとの批判がある。

　領域説とは、法を最小限の道徳と考える見解である。法と道徳は同心円構造で把握され、法は道徳の一部とされる。違法な行為は必ず不道徳になるが、不道徳な行為のすべてが違法になるのではないとするのである。しかし、この見解には、先述のように法と道徳が交わらない領域があるといった批判がなされている。

　そして**強制説**とは、先に挙げた法の特徴の一つである「強制」のありかたに注目する考えである。法は、国家によって組織的に強制される。しかし、道徳はそのようなものではない。道徳に反した場合、良心が咎めることや社会的に非難されることがあっても、国家によって組織的に強制されることはない。このような強制のあり方の違いが挙げられるのである。この見解に対しては、先述の任意法のような必ずしも強制されない法が存在することに加え、自然法論の立場から批判がなされている。自然法の考え方では、法と国家は必ずしも常に結びついているものではないとされるのである。

2　法と習俗

　習俗は道徳とは違い、外面に注目するものである。すなわち「習わし」に合った行為を求めるものであり、また時に強制力も働く。しかし、強制の主体はあくまでも「国家」ではない。守らない場合「世間からの批判」「村八分」といった批判にさらされることがあるが、そのような強制は法による強制のようにはっきりとしたものばかりではなく、漠然としたものである。さらに、法のように国家的・組織的に強制されるものでもない。このような点で、両者には違いが指摘されるのである。

3　法と宗教

　法と宗教の間にも違いが指摘される。宗教規範は特定の宗教の教えに基づく規範であるが、道徳や法と重なり合う部分も大きい。また、世界中を見渡してみると、宗教規範が法となったものも多くみられる。しかし宗教規範はその内心に主な関心が向いているという点や、道徳同様に国家による強制が

なされるものではないこと、また宗教の教えに基づいた規範であることから
その宗教団体ないし信者の間で通用するものである、といった違いが指摘さ
れる。

法 の 目 的

本講のねらい
・法の目的とは何か。
・法の目的には、個々の法の目的と法全体の目的がある。
・法全体の目的は、法的安定性（法的安全）の確保である。
・法全体の目的は、正義の実現である。

第 1 節　法の目的とは何か

　法は私たちの日常生活に密接に関わっている。法は私たちの社会活動によって生み出され、社会の変化に伴って発展している。法を含む社会規範により社会全体の秩序が形成されている。

　法は、一般的に、法全体としての目的と、立法者が実際に達成しようとする具体的目的である個々の制定法（立法機関の定めた法）に掲げられた目的、という2種類の目的を持つ。

　前者の目的は、各制定法の冒頭の目的規定に掲げられているようなものである。個々の法の持つ目的は、制定された法に効力を与え、改正や廃止の動機ともなっている。たとえば、感染症予防法の目的は、「この法律は、感染症の予防及び感染症の患者に対する医療に関し必要な措置を定めることにより、感染症の発生を予防し、及びそのまん延の防止を図り、もって講習の向上及び増進を図ることを目的とする」（1条）であるが、このように法文の冒頭に目的を掲げる法規も多い。

　後者の目的は、法秩序全体の目的であり、一般に**法の理念** (Idee) と言われる。法の理念の意味での法の目的は、社会秩序の維持であり、そのため、**法的安定性** (Rechssicherheit) の確保や**正義** (Gerechigkeit) の実現が求められる。

法は社会全体の秩序を形成しそれを維持する機能を持つ。社会秩序が維持されることにより国民は安心して生活することができる。

第2節　法的安定性（法的安全）

　法の目的を実現するためには、法に従って安心して平和に生活できるための法的安定性を創造しなければならない。

　イギリスの思想家、**トマス・ホッブス**（Thomas Hobbes, 1588－1679）は、その著書の『リヴァイアサン』において人間の自然状態を、「万人は万人に対して狼」であり、「万人の万人に対する戦い」という弱肉強食の社会秩序もない闘争状態であるとする。社会秩序がない社会においては、人々は安心して生活することができない。

　法が存在し、機能することにより、事件や紛争を予防あるいは解決することができる。そして社会を秩序ある状態に維持し、平和を創出することが可能となるのである。

　ただ、注意しなければならないのは、法的安定性を優先すると、法と社会の間の矛盾が拡大してしまうおそれがあることである。それを防ぐためには、正しい法の下で、正しい秩序が維持されなければならない。秩序が安定的なものであるためには、正義への志向が求められる。

　この法的安定性を確保するために、法には次のことが要請される。

　まず、第1に、法は明確でなければならない。法は私たちに対して「なすべきこと」および「なすべきではないこ」とを示す、私たちの行為を規律する行為規範（行為規範については後述する）であることが求められる。法の内容が不明確であると、私たちが何をなすべきか、なすべきではないかが不明確になってしまうおそれがある。法により各人の行為が規律されることにより、社会の秩序が維持される。

　第2に、法は容易に変更されてはならない。いわゆる朝令暮改（朝に出した命令を夕方にはもう改めること）は厳に慎まなければならない。法は私たちが社会生活を営むためのルールであるからこそ、その変更は必要最小限度でなければならない。これが守られないと、各人は法に触れないよう行動を萎縮さ

せてしまうおそれがある。たとえば、道路交通法17条4項は、「車両は、道路……の中央……から左の部分……を通行しなければならない」と、車両は道路の左側を通行することと定めているが、ある日突然この条文が変更されると交通事故が多発してしまうおそれがある。

　あまり煩雑に法改正がなされると、法自体を無視してしまうことになりかねない。これに関連して、裁判の先例である判例の安定性もまた求められる。たとえば、民法1条3項は、「権利の濫用は、これを許さない」と規定しているが、多くの判例によって権利の濫用が明確になる。権利の濫用とは、表面的には権利の行使のようにみえるが、実質的には公共の福祉に反し権利行使と言えない場合のことであり、権利の濫用がどのようなものか判例により具体的に示されることで、私たちは安心して生活することができるようになる。

　第3に、法は実際に行われなければならない。法の執行により、人々は安心して生活することができる。他方、法に触れなければ（犯罪を行わなければ）、処罰されないという行動規範となり安心感を持つことができる。たとえば、刑法185条は、「賭博をした者は、50万円以下の罰金又は科料に処する。ただし、一時の娯楽に供する物を賭けたことにとどまるときは、この限りではない」と定めており、金銭を賭けて勝負を争うことは、賭博罪として禁止されているが、これを取り締まらず放置すればギャンブルが蔓延してしまう。

　第4に、法は国民の意識に合致しなければならない。仮に過度に厳格な法や国民の正義感に反する法が制定されたとしても、国民はそれに従わず、結果的に法的安定性を欠いてしまう。国民が自らの正義感により法を破ってしまえば、社会の秩序は乱れてしまい、安心した生活ができなくなる。

　たとえば、江戸時代五代将軍徳川綱吉によって制定された、生類憐みの令は「天下の悪法」と言われ国民の意識から遊離してしまっており、国民の意識に合致せず、綱吉の死後ほどなく廃止されたように、法は私たちの意識、常識、道徳に沿うものでなければならない。なお、生類憐みの令は、生類を憐れむことを目的として制定された複数の法令の総称で、動物のみならず捨て子や病人、高齢者も保護の対象としており、近年再評価がなされているという。

第3節 正　　義

　法の目的を実現するためには、**正義**を実現することも必要である。古代ギリシア以来、法と正義とは不可分の関係にあると考えられてきたが、「天落つるとも、**正義は行わるべし (Fiat jusutitia, ruat caelum)**」という法諺が広く知られており、法の基本的課題はいかに法によって正義を実現するかであるといえよう。

　正義は、法が法として存立し、機能するための不可欠の条件であり、制定法は正義の理念に適合しているとの理解の下に制定される。正義の内容や法規範のあり方は時代や場所によっても異なるが、正義の内容は、個人の生命・自由・平等・幸福追求など人間の尊厳に関する価値と関係づけて理解される。法自体が正義の理念を欠いているならば、それは法としての価値がなく、単なる暴力にすぎなくなってしまう。法は国家権力によって作られ、国民の支持を受けるのが普通であり、国民の常識に叶うものでなければならない。

　「**悪法もまた法である (Lex mala est etiam lex)**」という法諺があるが、これは正義や善といった価値から法を切り離してしまう考え方である。一般的には悪法とは正義や善に反する法とされる。

1　正義の分類

　正義とは何かについて、古代ギリシアの哲学者**アリストテレス**（前384 - 前322）がその著書である『ニコマコス倫理学』において正義論を展開したが、その後の正義論の基礎となっている同書では、正義を広義と狭義に分けた。先ず広義の正義を**一般的正義**と呼んだが、これは共同体的な徳であり、あらゆる徳と悪徳にわたり行為を命令・禁止する法に適合すること（適合性）であり、適法的行為を支える心的状態のこと（遵法性）であるとした。

　一般的正義（allgemeine Gerechtigkeit）とは、国家の緊急事態に殉ずるような場合であり、個人が国家のような団体に対する義務を尽くすことである。たとえば、警察官など公務に携わる者が殉職することは、この正義にかなう。

　狭義の正義は**特殊的正義**と呼ばれ、それには、第1に不当な加害や利得に

対する刑罰や補償に関する**平均的正義**（ausgleichende Gerechigkeit）がある。これは物の売買に応じて対価を払ったり、労働に対し賃金を支払ったりすることである。平均的正義とは、個人相互間の給付および反対給付の均衡を保たせることである。たとえば、売買における目的物と代金、労働と報酬等、給付に応じた対価の支払い、窃盗・傷害の場合の損害に相応する賠償の支払いのような場合である。

　第2に複数の主体間での利益・負担の配分に関する**配分的正義**（austeilende Gerechtigkeit）がある。たとえば、所得の高い者に対し高い税率を課す累進課税や、労働者の能力に応じて賃金を算定する能力給などである。配分的正義とは、団体が個人をその能力および功績に応じて取り扱うことである。たとえば、収入の多寡により税負担を変えたり、労働者に対する成果主義や能力給を導入したりすることである。

　なお、平均的正義は、適法であるか違法であるかという司法的判断によって実現されるが、適・不適の判断としての配分的正義は、必ずしも司法判断によって実現されるものではない。なぜならば、前者は、各人の間で損得が生じないように物が等価で交換されることであり、後者は、各人が社会における貢献度に応じて適切な報酬や罰を受けることだからである。こうした考え方はローマ時代へ受け継がれ、ユスティニアヌス1世の『法学提要』（533年）の冒頭においては、「正義は各人に彼のものをあたえる恒常的で不断の意志である」と記述されている。

　これらのアリストテレスによる正義の三区分論は、その後の公法と私法の区分の理論的基礎となっている。すなわち、一般的正義と平均的正義は公法の領域であり、平均的正義は私法の領域で妥当する。

2　正義論の態様

　現在は一般的に、法の中での正義を平均的正義と配分的正義に二分することが多い。平均的正義は形式的な平等であり、個人間の関係について認められる。これに対して、配分的正義は団体と個人との間に認められる関係で、等しくない者を差別して取り扱うことであり、実質的平等である。

　たとえば、正義とは平等であること、善であることであるが、善イコール

正義ではない。また、平等と関係のない正義もある。また、絶対的正義はあり得ず、現実には一定の時、場所、立場において正義が主張されるにすぎないのである。そして、各人が信ずる正義は異なり得るのであり、一方の正義のみを主張すると独善に陥ってしまう危険性がある。自然法のような絶対的価値の規準があれば、この規準をもとに絶対的正義の明確化が可能となろう。

　ところで、法と正義に関する論議においては、正義観念は、適法的正義、形式的正義、実質的正義、個別的正義（衡平）、手続的正義などの観念により理解され、論じられることが多い。

　(1) 適法的正義　　法に正しく適合することであり、実定法が忠実に遵守され適用されているか否かを問題とする。法の内容そのものが正しいか否かを問題とするよりも、それが確実に実現されているか否かという適法性のみを問題としており、法による平和・秩序・安定の維持が主な関心事である。たとえば、刑法108条は、「放火して、現に人が住居に使用し又は現に人がいる建造物、汽車、電車、艦船又は鉱坑を焼損した者は、死刑又は無期若しくは5年以上の懲役に処する」と定めているが、この規定を読めば、人の住んでいる住居に放火したら最悪の場合死刑に処される、というように社会生活において一定の予測可能性が確保されるのである。

　(2) 形式的正義　　「等しきものは等しく、等しからざるものは等しからざるように扱え」ということであり、それにより、公権力が思いつきや独りよがりによって行使されることを防ぎ、形式的で画一的な制約が課せられる。しかし、一体何を「等しきもの」とみなすのか、その実質的規準については不明である。実質的正義は、たとえば、「各人に同一のものを」、「各人にその功績（あるいは、仕事、必要、法的権原）に応じて」などの基準を導入し、正義概念の内容を具体的にする。

　(3) 個別的正義　　個々の事例に一般的な基準を画一的に適用することにより、正義が実現される一方で、人々の正義感覚に反するような、不都合な結果を生む場合があるため、このような一般的基準の画一的な適用に対し、一定の制約を課することで具体的妥当性を確保する。

　(4) 手続的正義　　手続的正義はその取り扱いの公正な遂行過程を保障し、

人々が結果を受け容れる可能性を支えている。この正義概念は「相手方にも聴くべき」などの自然的正義（natural justice）や適正手続（due process）の観念を基礎として構成されたものである。

　裁判や行政過程において決定手続および紛争処理を行う場合、手続的正義は紛争当事者に対し公正な手続および公平な配慮を提供する重要な役割を果たす。当事者の対等性と公正な機会の保障、第三者の公平性・中立性、理由付けを伴った議論などの手続的要件が求められる。手続的正義は、一定の手続的要件が充たされるならば、そこから生じる結果は正しいという観念を示すものである。

第4節　法的安定性と正義の実現

　法の目的を実現するためには、法的安定性の創造と正義の実現が不可欠であるが、正義と平等とは不即不離であるから、現在ある法を平等に適用することは正義である。さらに現在の法によって達せられない平等を実現することもまた正義である。しかし、前述のように平等イコール正義ではない。

　正義の概念は絶対的であるが、正義を現実の社会の中で確定するのは困難であり、様々な価値観を持つ現実社会においては妥当と思われる正義を求めるしかない。

　法の守護者である女神ユスティティア（あるいはテミス）の像は、片手に天秤を持ち、公平・正義の確保を象徴し、片手に剣を掲げ、力による紛争の裁断・平和の創出を象徴していると言われる。

　正義の内容は実際の社会生活において観念的な把握ではなく、個々の具体的事実に関する紛争・事件などにおいて、双方の言い分を「天秤」にかけて、どちらか一方に「妥当性」を見出して解決するのである。これが**具体的妥当性**（または衡平：equity）である。もっとも、この「妥当性」という天秤の判断は、神の持つ天秤であればともかく、それを持つ人（裁判官）の価値観・世界観に左右される。

　日本国憲法76条3項は、「すべて裁判官は、その良心に従ひ独立してその職権を行ひ、この憲法及び法律にのみ拘束される」と規定するが、ここにい

う「良心に従ひ」とは、裁判官個人の主観的な思想や宗教的な信念によるべきことを意味するのではなく、個々の裁判官は「裁判官としての職業倫理」に従うことが要求されるという意味であると解される。

　これに対し、団藤重光は、「裁判官は、普通の場合には、自己の本来の良心の声と自分の職務上の義務とのあいだになんら矛盾を感じないどころか、むしろ両者の積極的な一致を自覚することが多いであろう。しかし、問題がひとたび世界観、政治的立場などの根本的なものに触れるときは、この両極性が意識され、そのままではすまされないところ―ばあいによっては裁判官の辞職―まで行くことがありうる。これは、もとをただせば、法そのものの動的性格に胚胎しているのである」と指摘する（団藤『法学の基礎』206頁）。裁判官の個人としての良心と裁判官としての良心が一致しない場合もあり得るのである。

━━ コラム　法と正義 ━━

　主役が悪者や怪獣をやっつけるテレビや映画をよく見かける。正義の味方が悪者や悪い怪獣をやっつける、いわゆる「勧善懲悪」物である。古くから実在、架空を含め様々な正義の味方がいる。ところが、この正義の味方は果たして本当に正義なのか。薩摩や長州の脱藩浪士は新選組にとって乱暴狼藉を働くテロリストで、新選組はそれを取り締まる公的組織であったが、立場が変わると逆転してしまう。これは国際関係においても同様であり、国の主張が正義なのか敵対する国の主張が正義なのか実はよくわからない。そのため、古くからアリストテレスのような哲学者・思想家は、正義とは何かについて思索を深めてきた。近年では、ロバート・ノージック（Robert Nozick, 1938－2002）などに代表される、自由という価値理念とその実現こそが正義であるとするリバタリアニズム（自由至上主義）。ジョン・ボードリー・ロールズ（John Bordley Rawls, 1921－2002）などに代表される、個人の主体性や自律性に定位して、各個人や自己の関心や善の構想に従って生きることを最大限尊重し、国家が特定の価値や善の構想に対して中立であることを要請する、リベラリズム（自由主義）。マイケル・サンデル（Michael Sandel, 1953－　）などに代表される、特定の共同体における歴史や文化・伝統ないし共通の価値や共通善を尊重し、それに基づいて共同体の成員を有徳な存在へと完成させることを主張する、コミュニタリアニズム（卓越主義、共同体主義）などの考えがある。

> 本講のねらい
> ・法は行為規範、裁判規範、組織規範に分類される。
> ・行為規範は、社会における人間の行為を規律する規範、行動基準である。
> ・裁判規範は、裁判官が紛争解決のために従うべき基準である。
> ・組織規範は、公的な機関の組織を規定する。

第1節　概要―行為規範・裁判規範・組織規範

　私たちが社会生活を円滑に営むためには、様々な約束事を守っていかなければならない。しかしながら、借りたものを返さなかったり、嘘を平気でつくような人だらけになったりしたら、社会は成り立たない。

　法は私たちが守るべき社会規範であり、法はその性質により、**行為規範・裁判規範・組織規範**に分類することができる。

　行為規範とは、私たち各人の行為を直接に規律しようとする社会の準則、社会規範をいう。

　近代国家において法を執行するのは裁判所であり、裁判規範とは、裁判官が裁判を通じて紛争を解決するための基準である。

　さらに、社会における諸機関の組織を定める法も存在し、これを組織規範と称し、特に、国家や公共団体の組織や権限などを定める。社会における法は、これらの3種の規範のうち1ないし2つの性質を兼ね備えている。

第2節　行　為　規　範

　法は、私たちが社会生活を送る上での行為の基準であり、これを**行為規範**といい、一定の作為を命ずる命令規範と一定の不作為を命ずる禁止規範に分

けられる。前者の例として、歩行者が右側通行しなければならないという
ルールは、道路交通法第10条第1項に基づいている。すなわち、「歩行者は、
歩道又は歩行者の通行に十分な幅員を有する路側帯……と車道の区別のない
道路においては、道路の右側端に寄つて通行しなければならない」と定めて
いる。また、後者の例としては、未成年者飲酒禁止法第1条が、「満20年ニ
至ラサル者ハ酒類ヲ飲用スルコトヲ得ス」と規定し未成年者の飲酒を禁じて
いる。このように、私たちに命令したり、禁止したりする規範が行為規範で
ある。

　たとえば、刑法199条は、「人を殺した者は、死刑又は無期若しくは5年以
上の懲役に処する」と定め、あるいは、刑法204条は、「人の身体を傷害した
者は、15年以下の懲役又は50万円以下の罰金に処する」と定めている。刑
法の殺人罪や詐欺罪は、「人を殺すな」「人を傷つけるな」という行為規範を
前提としており、これらの行為を行った者は刑罰が科されることになる。

　このように、私たちの社会生活における行為を規律の対象とする行為規範
は、第3講において述べたように、国家によってその効力が強制力を持って
担保されている。

　前述のように、行為規範は、かくあらねばならないという当為（Sollen）の
法則であり、それゆえ、法により禁止しても、殺人事件はあとを絶たず、振
り込め詐欺もなくならない。行為規範は「……すべし」「……すべからず」と
いう形で表現されるが、どうしてもそれを侵す者が出てしまう。

　法は行為規範であるが、道徳的にも借りたものは返さなければならず、人
に嘘をついてはならず、道徳規範もまた行為規範であり、法は行為規範の一
種である。他の社会規範と異なり法には刑罰を科すなどの強制力がある点で
他とは大きく異なる。

第3節　裁判規範

　行為規範から逸脱する行為が行われた場合、裁判により刑罰などの制裁が
加えられることになるが、裁判を行うに当たって一定の基準がなければ、裁
判官による恣意的な判断がなされてしまうおそれがある。そのため裁判の基

準となる基準となるべき法律の制定が求められ、この裁判における基準となる規範を**裁判規範**という。

　裁判規範としての法は、裁判が行われるに当たっての紛争解決の基準であるが、同時に、裁判官が紛争解決を行うための基準でもある。さらに、間接的に各人の行為を規律する行為規範でもある。

　代表的な裁判規範には、刑法や民法がある。たとえば、不法行為によって他人に損害を与えた場合、損害を与えた者は被害者に対して損害を賠償しなければならなくなる。これは、損害を与えた者に対する賠償義務を負うという行為規範となる。仮にこれを果たさない場合、被害者により裁判所に対し損害賠償請求の民事訴訟が提起され、裁判所は民法709条以下の規定を裁判規範として裁判を行う。民法709条は、「故意又は過失によって他人の権利又は法律上保護される利益を侵害した者は、これによって生じた損害を賠償する責任を負う」と定める。

　また、人を恐喝した場合、検察官による起訴猶予などがない限り、裁判所は刑法249条を裁判規範として裁判が提起される。同条1項は、「人を恐喝して財物を交付させた者は、10年以上の懲役に処する」と定めており、これも当然人を恐喝してはならないという行為規範に違反するものである。刑法のほとんどは裁判規範であり、刑罰規定はすべてが裁判の準則である。

　裁判は、具体的な事件が起きた場合に抽象的な裁判規範を当てはめ適用する作業である。

　たとえば、振り込め詐欺が発生した場合、それは果たして法に触れる行為なのか、触れる場合どのような法が適用されるのであろうか。振り込め詐欺とは、詐欺事件の総称であるが、具体的には、電話やはがきなどの文書などで相手をだました上で、金銭の振り込みを要求する犯罪行為であり、刑法246条は「人を欺いて財物を交付させた者は、10年以下の懲役に処する」と定めており、詐欺罪が適用されることになる。

　また、出し子（金銭を引き出す役割）や受け子（金銭を受け取る役割）やかけ子（電話をかける役割）として、不正に銀行の預金を引き出したり、手渡しで金銭を受け取ったりした場合は、刑法235条が、「他人の財物を窃取した者は、窃

盗の罪とし、10年以下の懲役又は50万円以下の罰金に処する」と定めており、窃盗罪が適用されることになる。

　裁判規範は、裁判所が裁判規範は裁判官に対し、当該規範に従って裁判せよと命じるものであると同時に、裁判官に対し一定の行為を命じあるいは禁じる行為規範でもある。

　もっとも、民法や刑法などの法規範には、行為規範の側面が強いものと裁判規範としての側面が強いものがある。

　たとえば、民法752条は、夫婦の同居・扶助義務を「夫婦は同居し、互いに協力し扶助しなければならない」と定めており、夫婦に同居・扶助義務を求めるが、これは行為規範としての側面が強い。

　また、民法166条1項は、「債権は、次に掲げる場合には、時効によって消滅する。1号　債権者が権利を行使することができることを知った時から5年間行使しないとき。2号　権利を行使することができる時から10年間行使しないとき」と定め、同条2項は、「債権又は所有権以外の財産権は、権利を行使することができる時から20年間行使しないときは、時効によって消滅する」と定めるが、これは裁判規範である。

第4節　組織規範

　法は行為規範であり裁判規範である。法はまた**組織規範**でもある。法の制定、適用、執行はそれぞれの目的のために設置された機関により行われている。たとえば、国会や内閣や裁判所といった国家機関がそれである。このような国家機関に対し権限や組織構成などを定める法規範が組織規範である。

　組織規範の例としては、憲法以外にも国会法、公職選挙法、内閣法、国家行政組織法、国家公務員法、地方自治法、地方公務員法、裁判所法などがある。

　これらの法は、行政機関の所掌事務を定める規範および行政機関相互間の事務分配に関する規範であり、組織規範の多くは、違反に対し強制力の行使は想定されていない。

　例外的に、公職選挙法に基づいて行われた国会議員定数に不均衡が生じた

場合について司法審査の対象としている。

　組織規範の例としては、憲法 42 条は、「国会は、衆議院及び参議院の両議院でこれを構成する」。また、43 条 1 項は、「両議院は、全国民を代表する選挙された議員でこれを組織する」と定め、2 項は、「両議院の議員の定数は、法律でこれを定める」と定めるが、これらは裁判規範としての性質を持たない。

　公職選挙法は、「衆議院議員、参議院議員並びに地方公共団体の議会の議員及び長の選挙について」適用されるが（同法 2 条）、この法律は行為規範であると同時に組織規範でもある。

　さらに、選挙違反に対し裁判所で審査する際、公職選挙法に基づき裁判が行われるので当該法は裁判規範でもある。

　そして、この法律による方法で選ばれた議員が行う仕事の内容に関して、国会議員については国会法が、地方議会の議員については地方自治法が定めるが、国会法や地方自治法は行為規範であると同時に組織規範でもある。

　どの裁判所のどの裁判官が裁判を行うか等について定める、裁判所法や民事訴訟法、刑事訴訟法などは、組織規範である。

　民法 754 条は、「夫婦間でした契約は、婚姻中、いつでも、夫婦の一方からこれを取り消すことができる。ただし、第三者の権利を害することはできない」と定め、夫婦間の契約取消権を定めるが、これは裁判規範であり、夫婦生活の自主性を尊重し、国家からの干渉を最小限度にとどめることを宣言した規定であるとされる。また、夫婦間の約束事について裁判を起こしてまでその履行を迫るというのは、家庭の平和を乱すので控えようという行為規範でもある。

　法規範の構造は、このように行為規範、裁判規範、組織規範であるが、法はこれらの規範が複雑に組み合わさっており、多くは 1 ないし 2 つの性質を備えていると言えよう。

　　議員 1 人当たりの有権者数が最過疎選挙区と最過密選挙区との間で投票価値が不均衡を生じていることは、憲法 14 条が定める「法の下の平等」に反しているとして、有権者が選挙確認の取消あるいは無効を求める訴えが数多く提起されてきた。

　　たとえば、2009 年 8 月の衆議院議員総選挙における、選挙区割りおよび選挙運動に関する公職選挙法等の規定は、憲法 14 条等に反し無効かが争われた裁判では、選挙当時、議員 1 人当たりの人口の選挙区間での較差が、最大で 1 対 2.304 であった。最高裁は、1 人別枠方式（各都道府県内の区域内の選挙区の数は、各都道府県にあらかじめ 1 を配当すること）は、較差を生じさせる主要な要因となっており、また、上記選挙の際にはその合理性がないので、憲法の投票価値の平等に反する状態に至っていたが、是正のための合理的期間を経過していないので、上記規定は違憲無効ではないと判示した（最大判平成 23・3・23 民集 65 巻 2 号 755 頁）。もっとも、選挙制度の仕組み自体の見直しについては、参議院のあり方をも踏まえた高度に政治的な判断が求められるなど相応の時間を要し、また、参議院において制度改革に向けての検討が行われていたことなどから、本件選挙までの間に本件定数配分規定を改正しなかったことが国会の裁量権の限界を超えるものとはいえず、本件定数配分規定が憲法に違反するに至っていたということはできないとしている（最大判平成 24・10・17 民集 66 巻 10 号 3357 頁）。

　　最高裁判所は、衆議院議員の総選挙における一票の格差が 5 対 1 であることを憲法 14 条 1 項に違反すると判断したが（最大判昭和 51・4・14 民集 30 巻 3 号 223 頁）、その後は 3 対 1 を超えると違憲と判断している（1983 年 11 月判決）。学界の多数説は 2 対 1 以下としており、現実との間に乖離がある。

第6講

法 の 種 類

本講のねらい
・法はその形式や性質によって一定の分類がなされており、法の仕組みや機能を理解する。
・分類の名称だけでなく、その特徴や具体的な法令名をおさえる。

第1節　形式（淵源）による分類

　法の成立する淵源を指標とする分類として、実定法と自然法の分類がある。**実定法**とは、人間によって制定された社会に実在する法のことである。通常、憲法、民法、刑法といった成文法の他、慣習法や判例法といった不文法も実定法に分類される。これに対して、**自然法**とは、神の意志や人間の理性に基づき存在するもので、実定法に対して「高次の法 (higher law)」と位置付けられる。すなわち、自然法に反する実定法は、原則として、法的効力を有しない。また、実定法に欠缺のある場合には、自然法がその補完をする。

　両者はその性質によっても違いがみられる。自然法は、時代や場所、その社会体制に関係なく妥当するものであり（**普遍性**）、人間がその内容に変更を加えることはできない（**不変性**）。それに対して、実定法は、時代や場所、社会体制によって内容が異なることがあり、人間によってその内容の改変・削除をなし得る。

　日本では、実定法には、憲法、民法、商法、刑法、民事訴訟法、刑事訴訟法以外にも様々な法がある。これらの実定法を理解する上で、法の分類が必要となる。法の主要な分類として、公法と私法、一般法と特別法、実体法と手続法、強行法と任意法、固有法と継受法、国内法と国際法などがある。実定法は、制定法が法源の中心ではあるが、それ以外にも慣習法や判例法を含

む概念である。

　成文法とは、広くは文書化されている法のことを指すが、より厳密には権限のある機関によって一定の手続に従って制定された法を意味する。これに対して、不文法とは、文書としての形式を具えていないが規範としての効力を有する法のことをいう。成文法には、憲法、法律、命令、規則、条例、条約などがあり、**不文法**には、慣習法、判例法、条理などがある。

第2節　内容による分類

1　公法と私法と社会法

　内容による大きな分類の一つとして、公法と私法の区分がある。簡易的な説明を用いるとすれば、**公法**は国家または公共団体の内部関係を規律する法もしくは国家または公共団体と私人の関係を規律する法であり、**私法**は私人と私人の関係を規律する法である。公法の例としては、憲法、行政法（行政法という法典はなく、行政に関する事項を規律する法の講学的総称）、刑法、刑事訴訟法、民事訴訟法などがある。民事訴訟法は、民事事件に関する法律であるため、私法に分類されると誤って覚えられることが多いが、裁判という国家作用について定めているため公法に属する。私法の例としては、民法や商法などがある。両者の区分には、様々な基準が主張され、議論となっている。たとえば、法が保護する利益が公益か私益かによって区分する説、法の規律をする主体が国家と私人か私人同士かによって区分する説、法律関係において優劣の関係にあるか対等な関係にあるかによって区分する説、国家統治権の発動に関わる法律関係を規律するか否かによる説などがある。公法と私法の分類は、公法私法二元論の基礎となるものであるが、次に触れる社会法の存在や公法と私法の融合領域の出現など、今日では再検討が求められる論点である。

　近代資本主義の発展過程において、私的自治の原則が強調され、個人間における法律関係の形成に関しては当事者に私的自治が最大限認められるべきとされていた。しかし、近代資本主義は、経済的強者と経済的弱者の間に貧富の差の拡大など歪みを生じさせた。そこで、経済的強者への規制および社会的弱者の救済の必要性が説かれ、社会福祉立法や経済立法による歪みの修

正が求められた。これらの立法は、私的経済関係への公法上の制限を加えるものであり、公法と私法の重複が非常に大きく、**社会法**として区分される。社会法の例としては、社会保障法（生活保護法、国民年金法など）、労働法（労働基準法、労働組合法、男女雇用機会均等法など）、経済法（独占禁止法、消費者契約法など）などがある。

2 国内法と国際法

国内法とは、ある国家で制定され、その国においてのみ適用される法のことであり、**国際法**とは、その国家と他国または国際社会との関係を規律する法のことである。国際法とは、国家間の関係を規律する法であったが、国際社会の発展・組織化に伴い、国際連合などの国際機関も規律の対象となった。国際法には、国家間の条約、協定、国際慣習法などの**国際公法**と、法の適用に関する通則法のような**国際私法**にさらに分類される。国際公法は規律される主体が基本的に国家であり、国際法であるといえるのに対して、国際私法は国際的な私法関係における準拠法を決定する国内法であるため、国際という字句を用いてはいるが国内法である。

国際法と国内法の関係については、憲法が国際協調主義を採用していることからも、原則として国際法は法律以下の国内法に優位すると解される。なお、国際法と憲法の効力関係については争いがある。

国際法は一般に国際法を遵守させるための執行力に乏しく、その実効性が問題となる。近年では、EU（European Union：欧州連合）等の地域国際団体が発足し、理事会や委員会、また司法機関としての裁判所を設置するなど、その実効性の充足が図られている。

3 実体法と手続法

実体法とは、権利義務の発生、変更、消滅、効果などを規定する法であり、**手続法**とは、実体法の内容を実現するための手続を規定する法である。実体法の例としては、民法、商法、刑法があり、手続法の例としては、民事訴訟法、刑事訴訟法、行政事件訴訟法が挙げられる。実体法はどのような要件を満たした場合にどのような効果が発生するのかが規定されており、法学を修得する上でのまさに醍醐味である。しかし、その実現方法まで含めて理解を

していないと実体法の内容も絵に描いた餅となってしまうため、手続法も疎かにすることはできない。実体法と手続法は、別々の法律で規定されることもあれば、同じ法律の中に規定されることもある。

第3節　効力による分類

1　一般法と特別法

　一般法と**特別法**は、その法律の規律する範囲や対象の広狭によって相対的になされる分類である。特別法は一般法に比べて特定の事柄について限定的に適用される法である。たとえば、民法と商法の関係は民法が一般法であり、商法が特別法となる。しかし、民法との関係では特別法であった商法も手形法との関係では商法が一般法となり、手形法が特別法となる。一般法と特別法が重なり合う領域においては、「特別法は一般法に優先する」という原則に示されるように、特別法が優先して適用される。特別法には、人を基準とする法（皇室典範・皇族、医師法・医師）、場所を基準とする法（京都国際文化観光都市建設法・京都市）、事項を基準とする法（商法・商行為等）などその指標についても区分がなされることがある。

2　原則法と例外法

　原則法とは、一定の事項につき原則として適用される法のことをいい、**例外法**とは、原則法の例外として適用される法のことをいう。これらは「原則規定」「例外規定」ともいわれ、相対的な関係にある。別の法律に規定されることもあるが、同じ法令の中の別の条文や同じ条文中に但し書きとして規定されることもある。たとえば、民法3条1項では「私権の享有は、出生に始まる」と定められているが、民法886条1項では「胎児は、相続については、既に生まれたものとみなす」と私権享有の時期に関する原則規定に対して、相続の場合に限った例外規定を定めている。

3　強行法と任意法

　強行法とは、当事者の意思にかかわらず法の適用がなされるものであり、**任意法**とは、当事者の意思によって法の適用の可否またはその内容の変更をなし得るものである。これらは強行規定および任意規定とも呼称される。両

者の判別は、条文の文言から読み取ることもできるが（「しなければならない」は強行法で、「別段意思表示がないときは」は任意法など）、文言から読み取れずとも条文の目的、趣旨、内容によって判別し得る。

強行法は、さらに効力規定と取締規定に分類される。効力規定とは、当該規定に違反した行為を無効・取消とするものである。これに対して、取締規定とは、当該規定に違反してもその行為は有効であるが、制裁を受けるもののことである。強行法は公共の秩序や利益を保護する行政法、刑法など公法の領域に多い。

これに対して任意法は、私的自治の原則を基礎におく法律に多いといえる。例えば、民法900条では相続の際の法定相続分が規定されているが、別に相続人全員の同意があれば民法900条の相続割合は適用されないため、任意法であるといえる。

第4節　歴史的成立要因による分類

1　固有法と継受法

固有法と継受法の分類は、法の歴史的成立要因による分類である。**固有法**とは、その国の歴史的展開の中で独自に生み出された法または法体系のことである。これに対して、**継受法**とは、外国の法を参照することによって作られた法または法体系のことをいう。

日本の法体系をみてみると、憲法に関して、明治憲法はその制定過程でプロイセン憲法を参照し、現在の日本国憲法はアメリカ合衆国憲法の影響を強く受けて制定された。民法はフランス民法を、刑法はドイツ刑法をそれぞれ継受しているといわれているが、完全な模倣ではなく、日本の法文化や既存の法体系に組み込む中で必要な程度で継受をしている。このように継受国の国情に適合する形で継受された法を間接的継受法といい、参照した国の法をそのまま模倣して継受された法を直接的継受法という。

2　英米法と大陸法

固有法を持たない国は、他の国の固有法を継受することによって、法または法体系を作ることになる。そのうちヨーロッパにおいて確立した近代法は

英米法と大陸法に大別することができる。英米法とは、イギリスのコモン・ローやエクイティ（equity）などの判例法主義を中心とした法体系のことである。英米法体系を有する国家としては、イギリスをはじめ、イギリスから独立したアメリカやカナダなどが挙げられる。これに対して、大陸法とは、ナポレオン法典（1804年）やドイツ民法典（1900年）などのように法典編纂に注力し、成文法主義を採用する法体系のことである。ドイツやフランスなどが大陸法系の国家として挙げられる。

================ コラム　公法私法二元論 ================

　公法と私法を区分する考えは、ドイツやフランスなどの大陸諸国において、市民の自由や財産を保護するために、統治権を独占していた君主から立法権を奪い、議会で制定した法律の枠内でしか行政権を行使できないとする法治行政の原理に端を発する。すなわち、国家の統治権の発動に関する公法が私法と区別されるものとして独自性を有したのである。さらに、大陸諸国では、司法権を担う司法裁判所と別に、行政権に属する行政裁判所が設けられていた。すなわち、私法上の紛争は司法裁判所で、公法上の紛争は行政裁判所で、それぞれ審理された。日本においても、大陸諸国の法制度を参照し、明治憲法では司法裁判所のほかに行政裁判所を設けていた（明憲61条）。しかし、日本国憲法では行政裁判所が廃止された（憲法76条2項）。行政作用が複雑多様化し、公法と私法の峻別が困難となった現代においては、公法私法二元論の理論的基盤は失われつつある。実体法においても、たとえば、会計法30条が国の金銭債権の消滅時効を5年とし、私法上の金銭債権の消滅時効である10年（民法166条1項2号）と区別して、公法上の金銭債権について定めたものとする考えもあったが、会計法30条は「国の権利義務を早期に決済する必要があるなど主として行政上の便宜を考慮したことに基づく」規定であるとして（最判昭和50・2・25民集29巻2号143頁）、公法と私法の区別に基づく規定であるとは理解されていない。

第7講

法の淵源（法源）

> 本講のねらい
> ・法にはどのような存在形式があるのかを理解する。
> ・制定法（成文法）と不文法の違いや、制定法のメリット、また制定法の種類について理解する。
> ・不文法の種類について、慣習法・判例法・条理がそれぞれどのようなものかを理解する。

第1節　制定法（成文法）と不文法

1　法　　源

　法には多くの種類があり、その特質をめぐっても様々な議論が存在している。法は多様性を持った存在であり、様々な形で存在している。法の存在形式のことを**法源**と呼ぶ。法は裁判規範としても機能するが、裁判官が裁判をするとき、そこでは法を適用しなくてはならない。裁判とはあくまでも紛争に法を適用し、裁定する作用である。そこで裁判官が適用する、言い換えれば依って立つ法にはどのようなものがあるのか、というのが法源の問題である。以下では、具体的にどのような形で法が存在しているのか、代表的な法源についてみていきたい。

2　制定法と不文法

　法の存在形式として、まず押さえないといけないのが制定法（成文法）と不文法の区別である。**制定法**とは**成文法**とも呼ばれ、その名前の通り文章化されている法のことである。法のイメージとして一般的なのは、六法全書に載っている様々な法律ではないだろうか。それらは文章の形で、形式が整えられ、分厚い六法全書の中に掲載されている。そのような法が、まさに制定

法の代表格である。ここで注意しなくてはならないのが、ただ文章化されているというだけではなく、権限のある機関（たとえば国会）によって、正当な手続で制定されたものを指すという点である。すなわち、①ふさわしい機関の手で、②正当なプロセスを経て制定された、③文章化された法、であることが条件とされるのである。

　一方の**不文法**は、制定法が文章化された法であることに対し、文章化されていない法である。不文法の例として慣習法や条理が挙げられるが、**慣習法**とは慣習が法として認められるようになったもののことである。慣習とはいわば「風習」や「習わし」であり、人々が長い期間繰り返し行ってきた行為のことである。慣習は事実として存在しているものの、あくまでも文章化されたものではなく、いわば暗黙のうちに存在するものである。そして**条理**とは物事の道理や筋道を意味するが、それも文章化されたものではない。このように、文字通りに文章化されていない不文法が存在するのである。

　一方、判例法も不文法の一つとされている。**判例法**とは、裁判所の判例が法としての拘束力を持つと認められるようになった規範のことである。詳しくは後述するが、裁判所の判決は文章化されたものである。そうすると「不文」ではないのではないかと思われるかもしれない。しかし判例法という場合、特定の事件の判決そのものが法となるのではない。それぞれの事件の判決は、あくまでもその事件を解決するために出されるものであり、事例ごとの事実関係に依存している。判例法とされるのは、そのような個々の判決そのものではなく、判決の中で示された規範や原理、ないしはそれらを集めたり組み合わせたものである。このように、判決自体ではなくその中で形成された規範が法とされることから、不文法に分類されるのである。また、判例の多くは成文化され記録として残されてはいるものの、議会などの法を制定する権限を有する機関が所定の手続に沿って制定したものではない。このような点も、しばしば不文法に分類される根拠として指摘されている。

　制定法と不文法の具体的な種類としては、制定法としては憲法・法律・命令・規則・条例が、不文法としては判例法・慣習法・条理が、それぞれ挙げられる。それらの中での優劣関係や、どの法源を重視するのかは、国や法体

系によって大きく異なっている。例えばアメリカやイギリスなどの「英米法系」の国々は**判例法主義**の国として、判例法が非常に大きな役割を果たしている。一方、ドイツやフランスなどの「大陸法系」の国々は**成文法主義**を採っており、成文法をより重視する。日本は大陸法系の国の一つであり、制定法が法源の中で中心的な役割を果たしている。もっとも、このような違いも相対的なものであることに注意が必要である。今日においてアメリカやイギリスにおいても制定法の果たす役割は大きく、また日本においても判例の果たす役割は大きいのである。

3　制定法のメリット

　日本では制定法が第一の法源として重視されているが、では制定法にはどのようなメリットがあるのだろうか。

　まず指摘されるのが、制定法は意識的・計画的に制定されるものであり、内容が明確な上に安定性が高い、というものである。不文法と比べるとわかりやすいが、不文法の内容は誰の目にも明確とは言いがたい。一方、制定法は文章の形をとっていることから誰でも読むことができ、そしてその内容を知ることができる。また文章化された上で広く一般に公開されていることから、明確な上に安定もしている。このことによって、法的安定性の観点からも優れているといえる。さらには、内容についての検索が容易であることや、国民や住民の代表である議会が制定する場合には民主主義にも合致する。反面、一度定められてしまうと改廃することが必ずしも容易ではないことから、安定性はあっても弾力性がないというデメリットも指摘されている。それでもなお多くのメリットがみられるものであり、今日では判例法主義を採る国々においても大きな役割を果たしている。

4　制定法の種類

　制定法には、憲法、法律、命令、規則、そして条例がある。それらは対等な関係ではなく、憲法を頂点に「ピラミッド型」の段階構造を形成している。法規範同士の間で矛盾が生じた場合にはその上下関係に基づき、上位の法が優先される。もっとも、憲法・法律・命令、という序列は確立しているものの、後述するところの裁判所規則と法律の効力の優劣関係など、議論も残さ

れている。また、同格の法同士の間で矛盾がみられた場合には「後法は前法を破る」という法諺にあるように、後にできた法が優先される。そして一般法と特別法の関係が成立している場合には特別法が優先される。以下では、それぞれの制定法についてより具体的にみていきたい。

まずピラミッドの頂点に位置する、**最高法規**とされる法が**憲法**である。法の優劣関係は絶対であり、憲法に反する法はすべて「無効」とされる。憲法は国民が国家を縛る法である一方、法律は国家が国民を縛る法である、という形で対比されるように、憲法の基本的な特質は権力を制限する法であるという点にある。憲法は国の統治の基本を定める法であり、言い換えれば国の設計図である。そこにおいて、憲法は権限を授けるルール（**授権規範**）という側面と、権限を制限するルール（**制限規範**）という2つの側面を持っている。また、そもそも憲法は権力が暴走しないように制限し、人権を守るために生み出されたものである。そのことから、憲法によって権力を制限し、人権を守るという**立憲主義**に基づく内容であることも、憲法であるための条件とされる。

続いて、**法律**についてみていきたい。法律という語は、しばしば法全般を指す意味で使用される。憲法も政令も条例も、すべてを含む用法である。しかし、ここでみていく法律はそのような広い意味ではなく、国会が定めた法のことを指すものである。より詳細には、国会が正当な手続を経て定めたものであること、そしてその内容が最高規範である憲法に適合するものであること、という2点が要件とされる。しばしば「憲法という法律」といった表現がみられるが、法学の用法では誤りになるので注意が必要である。

立法機関である国会の定める法律に対し、行政機関の定める法が**命令**である。命令はいくつかに分類される。まず、定める事柄によって**委任命令**と**執行命令**に分けられる。委任命令とは、法律により委任された内容について定めるものである。法律によって大枠を定めた上でより詳細な内容を命令で定める場合などである。一方の執行命令とは、法律を執行するために必要とされる具体的な手続などについて定めるものである。また、命令を定めた主体によっても呼び方が変化する。**政令、内閣府令、省令**という呼び方はニュー

スなどでもしばしば耳にするが、政令は内閣が定めたもの、内閣府令は総理大臣が定めたもの、そして省令とは各省の大臣が定めたもの、をそれぞれ指す。なお、これらの他に一般国民には効力が及ばない行政の内部規則として**訓令・通達**がある。これらは行政の内部において、上級機関が下級機関に対して発するものである。

　ここまでみてきた以外にも、各国家機関の定める法として**規則**がある。具体的には、衆議院と参議院がそれぞれ定める**議院規則**、そして裁判所が定める**裁判所規則**が挙げられる。議院規則はそれぞれの議院の運営に関する事柄について定めるものであり、その対象はあくまでもその議院の「内部」に関する事柄に限定される。そのことから、その効力は内部に向けられたものであり、国民には及ばない。

　一方の裁判所規則は裁判所の内部事項についても定めているが、さらに広く弁護士や訴訟手続、事務処理などについても定めている。そのことから、裁判所規則は議院規則とは異なり、国民にも影響が及ぶ。議院規則は各議院の持つ自律権に基づくものであるが、一方の裁判所規則は憲法上の原則である司法権の独立を守るために認められているものである。司法権が独立している以上、司法権に関することについて独自に幅広く定めることが必要になる。このような性格の違いも、及ぶ範囲の違いの背景に存在しているのである。

　最後にみていくのが、地方公共団体の定める法であるところの**条例**である。条例は広義と狭義に分けられるが、狭い意味では地方公共団体の議会が定める法のことを指す。広い意味ではそれに加え、首長が定める規則なども含まれる。条例には一定の範囲内で刑罰を科すことや課税をすること、住民の権利を制限することも認められている。このような権限を持つことの背景には、地方公共団体が一定の自治権を持っていることが挙げられる。すなわち、条例は自治権に基づいて制定されるのである。また、条例制定権は憲法で定められているため、法律などによって剥奪することは認められない。なお、条例制定権も無条件に認められているものではなく、憲法に反しないことに加え、憲法によって「法律の範囲内」という条件がつけられている。

以上では、制定法について具体的に紹介してきた。以上でみてきた成文法以外の法が不文法であり、慣習法、判例法、そして条理などが挙げられる。以下、個別にみていきたい。

第2節　慣　習　法

　慣習法とは、社会の中で形成された**慣習**が法としての効力を持つに至ったものである。慣習法として認められるためには、ある行為が「慣習」として長い期間反復されていること（そもそも「慣習」であることが認められること）、法的確信があること、そして公序良俗に反しないこと、という要件をクリアしなくてはならない。慣習は、社会の中で人々が繰り返し繰り返し、長い時間の中で反復してきた行為である。そのような行為の中で、人々がいつしかそれが「法」であると考えるようになったものが、慣習法とされるのである。慣習の大半は「習慣」「習わし」「なんとなく」従われているものである。しかしそうではなく、人々が「これは法なんだ」と考えて従っているものが、慣習法とされるのである。このようにある慣習を法として認識していることを、**法的確信**という。

　もっとも、日本は制定法主義の国であり、制定法が第一の法源とされている。そのことから、慣習法の役割は補充的なものにとどまり、また適用される余地も大きくはない。「法の適用に関する通則法」3条は「法令の規定により認められたもの又は法令に規定されていない事項に関するものに限り」慣習は法律と同じ効力を持つとしている。例えば民法234・235条は境界線付近の建築の制限について定めているが、236条は「前2条の規定と異なる慣習があるときは、その慣習に従う」として、慣習について定めている。

　もっとも、長く続けられてきた慣習であっても、その内容が今日の社会ではとても認められないものであれば、慣習法としては認められない。「法の適用に関する通則法」3条は、慣習法として認められる慣習は「公の秩序又は善良の風俗に反しない慣習」に限られるとして、制限を設けている。

　一方、慣習法以外の慣習も法的な効果を持つことがある。いわゆる**事実たる慣習**であっても法的な効果を持つ余地が認められているのである。例えば

商法 1 条 2 項は「商事に関し、この法律に定めがない事項については商慣習に従い、商慣習がないときは、民法 (明治 29 年法律第 89 号) の定めるところによる」とし、慣習を制定法である民法よりも優先している。また、民法 92 条は「法令中の公の秩序に関しない規定と異なる慣習がある場合において、法律行為の当事者がその慣習による意思を有しているものと認められるときは、その慣習に従う」として、当事者の意思によって効力が認められる余地を残している。

第 3 節 判 例 法

判例とは、裁判所の判決の中でも特に先例としての機能を持つものを指す。裁判所は、訴訟として提起された紛争について法を解釈・適用し、判決を下す。それぞれの判決はその事件についての個別な判断であり、そこで提起された事実関係に拘束されるものである。裁判所に提起される訴訟は多種多様であるが、中には近い事案も存在する。そのような事例に際してそれぞれに異なる判断を下すのでは、法的安定性が保てなくなる。そのことから、裁判所は近い事案に対しては同様の内容の判決を下すことになり、それが続けられることで、判例法が形成されるのである。

もっとも、判例法とされるのは個別の判決そのものではなく、判例の中で示された原則や理論であることに注意が必要である。判例法の国では、判決の中でも先例としての意味を持つ部分とそうでない部分が区別されており、先例としての意味を持つ部分を**レイシオ・デシデンダイ** (ratio decidendi)、そうでない部分を**傍論** (もしくは**オビタ・ディクタ**〔obiter dictum〕) と称している。

判例法主義を採っている英米法系の国々では、同級または上級の裁判所の判決は以降の同様の事件の裁判に法的拘束力を持つとされる (**先例拘束性の原則**)。もっとも、だからといって判例を変更することが不可能なわけではない。一方、日本を含む制定法主義を採っている大陸法系の国において、判例にそのような法的な先例的拘束力は認められていない。しかしながら、現実としては過去の判例に従うことが慣習となっているため、法的にはともかく現実としては判例法の国と近い様子がみられる。制度的にも、裁判所法が最高裁

判所の判例変更については大法廷で行わなくてはならないとしていることや、刑事訴訟法・民事訴訟法において最高裁判例に反することが上告申立理由ないし上告申立受理理由とされるなど、判例には実定法上も重みが与えられている。

第4節 条　　理

　条理とは「物事の筋道」や「道理」のことである。別の表現として**社会通念**や**公序良俗**とされることもある。ここまでみてきたように、法には様々な種類があるが、日本において法律は約1960件、政令は約2150件、府省令は約3900件存在しているとされる。このように膨大な数の法が存在していても、社会で生じるありとあらゆる事態にもれなく対処することは困難である。しかしながら、民事裁判においては適用すべき法が存在しない場合でも、裁判所は裁判を拒否することができず、判決を言い渡さなくてはならない。ある裁判が提起された際、制定法にも、判例法にも、また慣習法にも適用できる法が存在しない場合に適用されるのが条理である。

　このように、条理はあくまでも適用できる制定法や慣習法がない場合にのみ認められるものであり、補助的な位置付けにすぎない。効力も制定法や慣習法、判例法よりも下に位置付けられている。もっとも、「物事の筋道」や「道理」が具体的にどのような内容であるのかは不明確であり、またうつろいやすいものである。社会の変化によって変動するものであるばかりか、同じ社会の中においても世代や個人の価値観にも左右される。そのように不確定的なものであることから、条理が法源として認められるか否かについても議論がある。

法 の 効 力

本講のねらい
・なぜ法は効力を持つのか、そして法と道徳はどのような関係なのか。
・法が効力を持つ時間・人・場所の範囲について。

第1節　法の効力 (法の妥当性)

　古代から中世において法は、道徳や宗教などの規範と未分化の状態にあった。古代において法は、神や神の信託を受けた神授法・神託法であり、道徳や宗教、習俗に関するすべての規範が一体となった法体系であった。

　17〜18世紀には、ヨーロッパで法は道徳と必然的なつながりのある**自然法**思想の勢いが盛んになった。自然法とは**神の意思や人間の本性から普遍的・根源的に導き出される法**で、時代や民族、社会を超えた普遍的な妥当性をもつ高次の法であるとされた。自然法は実定法を基礎付けるものであるため、自然法と衝突する実定法は修正・補完され、場合によっては効力が否定される。また自然法に反する実定法には服従する義務もないとされた。法には自然法との一致が求められる以上、法が効力を持っている状態とはどのような状態であるかについては問題とならなかった。

　しかし近代国家によって道徳や宗教から分化された実定法による法秩序が構築され、法は国家の統制権力によって認められ維持される規範となった。そして法は国家権力による物理的な強制力を背景として、人々に一定の行為の命令・禁止を通じて、人々の行為を規制する性質が強調されることとなった。自然法との合致が求められることなく、実定法のみが法であるとされた。そのため権限を持つ機関が所定の手続に準拠して制定した法律は、その内容

を問わず法的効力を持つとされた。このような法の考え方は**法実証主義**と呼ばれる。しかし法と道徳・宗教が分離されたことにより、法の効力や妥当性の根拠が問題となるようになった。

第2節　法の妥当根拠

　法が効力を持っている、つまり法が妥当している状態とはどのような状態かについて学説は複雑に対立しているが、法学的妥当論、事実的妥当根拠論、道徳的妥当根拠論に大別できる。

　法の妥当性の根拠を法の道徳的内容に求めることをせず、法が法であることによって正当化されるという考え方が**法学的妥当論**である。下位の法規範の妥当性は上位の法規範の妥当性に基礎付けられ、その法が定立された法に妥当性の根拠を求める（**規範説**）。この説は実定法のみを法として自然法的要素を排除し、純論理的に法の解釈や適用を行うべきとする考え方である。そのため法の道徳的内容は問題とされず、法は法として定められたことによって、自己正当化されて法としての力を有することとなる。たとえばH. ケルゼン（Hans Kelsen）は、法の客観的妥当性を上位規範が下位規範の妥当根拠になる法の段階構造によって説明する。国法体系においては、憲法を頂点として法律、命令の多層的な段階構造をとるという。そして国法体系の頂点である憲法の上位には「根本規範」があるとされる。

　これに対して事実的妥当根拠論と道徳的妥当根拠論は、法の妥当性の根拠を実定法の枠組みの外にあると考える。

　事実的妥当根拠論は法の効力の根拠を政治や社会、心理といった事実的なものに求めるが、**道徳的妥当根拠論（哲学的妥当論）**では法によって確保され実現されるべき一定の価値に求める。

　事実的実効性と規範的妥当性を同一視する事実的妥当根拠論は、さらに**社会学的妥当論**と**心理学的妥当論**に細分できる。社会学的妥当論は、人々によって規範が遵守されている事実に妥当性が表れているとする（**慣行説**）。しかし法が事実として法が遵守されていても、法的義務の根拠とはなり得ない。そして社会学的妥当論には、法を制定し適用、執行する人の実力や強制と

いった法を貫徹する者の実力とする説がある（**実力説・強制説**）。ただしこの説においては、法に服従する義務を正当化することはできない。

　心理学的妥当論は、法が拘束的なものとして人々によって心理的に受け入れられている何らかの承認・同意があること、すなわち「事実の規範力」に妥当性があるとする（**承認説・同意説**）。ただし法に対する承認・同意が強制的に強いられたものである場合は承認・同意とはされず、明示的ではない黙認であっても自発的に真摯なものであれば承認・同意とされる。承認説は誰が承認するかという承認の主体、何を承認するのかという承認の対象、そしてどの程度の承認を必要とするかという承認の形態によって、さらに類型化することができる。

　そして道徳的妥当根拠論（哲学的妥当論）は、法の外に法が実現を目指す何らかの価値や理念があり、そこに妥当性の根拠を求める。個々の法規範の妥当性の根拠を法規範そのもの、法体系全体が目指す価値や理念にあるとする説（**理念説**）がある。これには正義や自由、人権、法的安定性などを価値や目的とし、妥当性の根拠を自然法に求める伝統的な自然法論も含まれる。

第3節　法の実効性

　法の効力（法の妥当性）には、現実に実現されているという実効性である**事実的実効性**と、実現を要求する**規範的妥当性**の側面がある。事実的実効性とは、法が現実に守られ・適用されることにより実現されている状態、つまり法が社会生活において実現されている事実によって法の効力をとらえるものである。一方、規範的妥当性とは、法はその内容が事実にかかわらず遵守され、適用されるべきであるとする。法は人を拘束し義務付けるものであり、一定の要件に対し、命令・禁止・許容・授権といった一定の効果を生じさせることを内容としている。そしてその内容が承認され、保障されるものとして要求されている。

　現実に社会で法が守られ、その法の目的・効果が相当程度に達せられているとき、法は実効性を有すると言われる。しかし法が実効性を著しく欠く場合においては形式的には法規範として存在していても、現実には法規範とし

て行われなくなってしまう「法の枯死」状態が生じる。

第4節 悪法の効力

悪法の効力の問題とは、悪法に従うべきか否かというふたつの考え方の対立である。

まず悪法は法ではない、とする考え方がある。形式的には法としての体裁を整えていても、内容的な正しさや道徳性を欠く法である悪法は法ではなく、人々に遵守することを義務付けることはできないとする。この考え方には広義の法を意味するフランス語の droit やドイツ語の Recht が「正しい」という意味を持つことと、法による正義の実現という側面から説明される。法の内容的な「正しさ」を決定するための基準を必要とすることから、人為を超越した普遍的で絶対的な自然法という概念と結びつくものである。

対して「悪法もまた法なり」という言葉が示すように、正当な手続で立法権者が定立した法はその内容にかかわらず、法としての効力を有するという考えがある。これは実定法をのみを法とする法実証主義の見解に立つものであり、法秩序を維持するという点からは有効な考え方ではある。しかし立法者は正当な手続によれば悪法も制定することが可能であり、また正当な手続で制定された法が悪法であった場合には、悪法の支配を認めることとなる。

この問題に対する答えの一つとして**ラートブルフの定式**がある。ドイツの法哲学者のラートブルフ（Gustav Radbruch）によれば、正義と矛盾しており、その矛盾が堪えがたい程度にまで達している法は、法としての妥当性を欠く「制定法の形をとった不法」であるとした。そしてそのような悪法は正義に道を譲らなければならないことから、正義の核心をなす平等の理念が否定された法は法としての資格を失うとした。

第5節 法の効力の範囲

法の効力の範囲については3つの範囲から考えることができる。まず時に関する効力範囲で、これは法の制定された法が効力を持ち始める法の始期、効力が終了する法の終期に関する時間的な範囲の効力の問題である。次に人

に関する法の効力で、成立した法が誰を対象にするかという問題である。そして場所に関する効力は、成立した法が適用される空間の範囲である。

1 時に関する効力

　日本国憲法において法律は、国会で法案が可決され、天皇によって公布されたのち、施行（しこう、慣用的にせこうと読む場合もある）され効力が発生する。法律の施行日は法律に定められており、法律を試行するための準備や国民への周知の必要性から一定の期間を置くことが望ましいとされている。たとえば、日本国憲法は100条で「公布の日から起算して6箇月を経過した日」から施行すると定められており、1946年11月3日に公布され、翌年の1947年5月3日に施行されている。憲法は国家の基本となる法であることから、公布から施行までの周知期間は半年と長期にわたっている。周知や準備期間をそれほど要しない法律や緊急の法律などについては、公布の日から施行される即日施行の法律もある。

　法の効力の終期には法律の廃止がある。これは新たな立法措置によって法律を消滅させることをいう。当該法律が適用されなくなる点で廃止と停止は共通しているが、停止の場合はその法律が依然として存在し続けるが、廃止の場合にはその法律の存在がなくなる。

　通常、法が制定され施行されたのちは、何らかの立法措置を講じない限りその効力は継続する。対して、あらかじめ法にその終期を定められている法は**時限法**と呼ばれる。時限法では定められた終期が到来すると、法律を廃止するなどの措置を講じることなく自動的に効力が失われる（失効する）。

　法の時間的効力範囲の原則のひとつに、**法律の不遡及の原則**がある。これは法律の効力を、その法律の施行や法律要件の成立以前に遡って発生させることを禁じるものである。法律に遡及的効力を認めた場合、法的安定性を害することになるためである。憲法39条でも「実行の時に適法であつた行為又は既に無罪とされた行為」に対して処罰を行うことを禁じている（39条を一事不再理とするか二重処罰の危険とするかについては第2部第7講を参照のこと）。

2 人に関する効力

　人に関する効力とは、誰に対して法の効力が及ぶかという法の効力の対象

が問題となる。

　まず、法の効力が及ぶ範囲を法が制定された国の国民に及ぶとする考えを**属人主義**という。これは自国民によって犯された犯罪については、その犯罪の場所が国内であるか否かを問わず、自国の法を適用するものである。刑法3条は「この法律は、日本国外において次に掲げる罪を犯した日本国民に適用する」とし、現住建造物等放火、私文書偽造、殺人など挙げているのがこれにあたる。

　これに対して法の効力の範囲が、場所や対象となる人を限定することなく及ぶという考えを**保護主義**という。刑法2条は「この法律は、日本国外において次に掲げる罪を犯したすべての者に適用する」として、内乱、予備及び陰謀、内乱等幇助、外患誘致、外患援助、通貨偽造及び行使等が挙げられている。特に公務員については、刑法4条で虚偽公文書作成、看守者等による逃走援助などを日本国外において効力が及ぶとされている。

3　場所に関する効力

　法律は、原則としてその国の領海や領空を含んだ領土の全域に効力が及ぶ。しかし法の効力が及ぶ空間的な範囲については、特に刑法や知的財産法において問題となる。

　法が制定された国に限定するという考えを**属地主義**といい、刑法ではこれは、自国の領域で犯された犯罪に対して、犯罪を犯した者の国籍を問わず法を適用するというものである。刑法1条1項で「この法律は、日本国内において罪を犯したすべての者に適用する」とし一般原則とされる。そしてこの形態のひとつに**旗国主義**がある。公海や公空にある船舶や航空機内は、その船舶や航空機が籍を置く国の領土として取り扱われ、法の効力が及ぶとするものである。刑法1条2項で「日本国外にある日本船舶又は日本航空機内において罪を犯した者についても、前項と同様とする」として、旗国主義をとっている。

　知的財産法において属地主義とは、「各国の特許権が、その成立、移転、効力等につき当該国の法律によって定められ、特許権の効力が当該国の領域内においてのみ認められる」（最判平成9・7・1民集51巻6号2299頁）とされ、知

的財産権の効力は付与した国の領域内に限定され、また知的財産権は保護が求められる国の法によって規律される。

　なお国家の空間的範囲については、第1部第2講「法と国家」を参照のこと。

第9講 法 の 解 釈

> 本講のねらい
> ・法解釈は抽象的・一般的な法を具体的な事実に適用するように具体化
> 　することである。
> ・法の適用には形式的には三段論法により行われる。
> ・法解釈は様々な方法で行われる。

第1節　法解釈の意義

　法は、様々な個別的・具体的な事実に適用できるように一般的・抽象的な形で規定されている。つまり法は特定の事実に適用するために規定されたものではない。

　この一般的・抽象的に規定されている法を具体的な事実に当てはめるためには、一方で具体的な事実の重要点を引き出してこれを抽象化・一般化する必要がある。他方で抽象的・一般的な法を具体的な事実に適用するように具体化しなければならない。これが法解釈である。

　たとえば、一般的に人とは何か？という問いをすれば、特に説明をしなくても人間という答えが想定される。しかしながら、法律上において「人」という場合、人は人間だけではなく法人も含むのか、また人間としての人の始まりは母体から分離した時か、それとも一部露出した時かといった議論がある。このように一般的には当たり前とされている言葉の解釈でさえ複数存在しているのであるが、そのうちどれか一つが正しくそれ以外はすべて誤りなのであろうか。答えは法の解釈を行う者の価値観の相違によって解釈は異なってくる道理である。またある時代に正当な解釈であっても時代の変化によって不当な解釈になることもしばしばある。

法の適用は、形式的には**三段論法**により行われる。三段論法とは大前提と小前提という２つの前提と結論という形で行われる論理法的である。すなわち三段論法における大前提は法規・法令である。具体的に言えば条文ということになる。また具体的な事実が小前提となる。たとえば、Ａという要件があればＢという法律効果が生じるという法（大前提）と、具体的にＡに「該当する事実があった」という事実の確定（小前提）から、この事案にＢという法律効果が発生するという結論を導き出す方法が用いられる。実際のところ裁判において裁判官は、三段論法に従って事実の確定を行い、その事実に適用することができる法の意味・内容を明らかにして（広義の法の解釈）、これらを通じて判決（狭義の法の解釈）を言い渡す。

　たとえば、Ａが自動車を運転していて事故を起こしＢにケガを負わせてしまった場合、Ｂはケガの治療費等についてＡに対して損害賠償を請求できるか否かが問題となる。ここでは大前提として「故意又は過失によって他人の権利又は法律上保護される利益を侵害した者は、これによって生じた損害を賠償する責任を負う」（民法709条）という条文が適用される。次に小前提として「Ａは過失により事故を起こしＢにケガを負わせた」という事実が確定する。

　この結論として「ＡはＢに対して損害賠償として何万円支払え」という結論になる。このように法を適用するためには、事実を認定した上でその事実に適応する条文を探すという作業が必要になってくる。そしてその適応する法を探すためには法の解釈が必要となってくる。法の解釈は法の意味や法の内容を明らかにすることである。

　法の解釈は、**慣習法**や**判例法**においても存在するが一般的には成文法において特に重要であり必要なものである。より具体的に述べると、法律の規定の中には、**公共の福祉**（憲法12条・29条、民法１条１項）や**権利の濫用**（民法１条３項）、**公の秩序又は善良の風俗**（民法90条）、などの抽象的な文言が多数存在する。これらの抽象的な文言の意味、内容を明確にするためにも法の解釈は必要である。

第2節　法解釈の方法

　法解釈の方法には様々なものが存在する。ここでは有権解釈と学理解釈とに大別することができる。

1　有権解釈

　(1)　立法解釈　　立法解釈とは、立法の方法により行われる解釈であり、解釈規定と法令中の定義で示すものに大別することができる。

　解釈規定は法律上の解釈に関する一定の基準を示すものである。たとえば地方自治法2条12項は「地方公共団体に関する法令の規定は、地方自治の本旨に基づいて……これを解釈し、及び運用するようにしなければならない」と規定している。また民法2条では「この法律は、個人の尊厳と両性の本質的平等を旨として、解釈しなければならない」として民法全体の解釈の基準を示している。

　これに対してさらに法令中の定義を示すと、労働基準法9条では「この法律で『労働者』とは、職業の種類を問わず、事業又は事務所……に使用される者で、賃金を支払われる者をいう」と定めている。立法がこれに先行する社会の現実を持たないときは解釈規定を設ける必要は特に大きく、社会法にはこの種の規定が少なくない。

　(2)　司法解釈　　司法解釈は裁判所が具体的な事件において法を適用する際に行う解釈であり、「判決」などの形によって示されるものである。たとえば婚姻は届け出によって成立するが、その届け出とは市町村長等に届けを受理されることだとしている。また放火が既遂となるのは、火勢が放火の媒介物を離れて独立して燃焼する程度に達したときだとするのがこれである。

　(3)　行政解釈　　法は、そのほか行政庁の回答・訓令・指令等によっても解釈される。これを行政解釈という。裁判所は事件が起こらない限り判決をしないのだから、必要に応じて行政庁によるこれらの指示が有力に社会を規制していくことになる。

2 学理解釈

(1) 文理解釈　**文理解釈**とは、法文の言葉と文章と語法・文法に従い言語的に行う解釈である。解釈はすべてまず文理に即して行われる必要があり、文言の意味を厳密に解釈することが、最も基本的な解釈の仕方である。また文理解釈は、成文法に使用されている文字や文章の意味に従って言語的、常識的に解釈する方法である。たとえば公園の立て看板に「車の立入禁止」と書いてあった。このときの車の範囲をどのように考えるべきか？この立て看板に書いてある「車」という文字は素直に読めば、自動車のことであると想像できる。その結果自動車の立入禁止という考えが成り立つ。

このように文理解釈は、法的安定性に優れるものの文言にとらわれすぎると変動する社会を適切に規整することができなくなり、硬直した解釈に陥ることになる。

(2) 論理解釈　**論理解釈**は一つひとつの法文にとらわれることなく、立法の目的、沿革、適用結果等の様々な事情を考慮し、論理的に矛盾しないように解釈するものである。論理解釈としてとりあげられる主要なものは次の通りである。

① **拡張解釈**　拡張解釈は、法文の文字、文章を法の目的に照らし拡張して解釈することである。例えば、刑法 175 条は「わいせつな文書、図画、電磁的記録に係る記録媒体その他の物を頒布し、又は公然と陳列した者は、2 年以下の懲役若しくは 250 万円以下の罰金若しくは科料に処し、又は懲役及び罰金を併科する。電気通信の送信によりわいせつな電磁的記録その他の記録を頒布した者も、同様とする」と規定しているが、この「わいせつな文書、図画、電磁的記録に係る記録媒体その他の物」については映画の実写も含まれると解釈する。また民法 233 条 2 項は「隣地の竹木の根が境界線を越えるときは、その根を切り取ることができる」と規定しているが、この規定の竹木には草も含むと解釈する。

② **縮小解釈**　縮小解釈は、拡張解釈とは逆の場合で法文の文字、文章を法の目的に照らし通常よりも縮小して解釈することである。

たとえば、刑法 235 条は「他人の財物を窃取した者は、窃盗の罪とし、10

年以下の懲役又は 50 万円以下の罰金に処する」と規定しているが、窃盗罪の対象である財物には経済的価値の極めて微小なものを含まないとする。これは窃盗罪によって保護する法益というには足りないとみるからである。また民法 754 条は「夫婦間でした契約は、婚姻中、いつでも、夫婦の一方からこれを取り消すことができる」と規定している。ここにいう「婚姻中」とは、単に形式的に婚姻が継続していることではなく、実質的にもそれが継続している必要があり、したがって婚姻がすでに破綻している状態では、夫婦間の契約を取り消すことが許されないと解釈する（最判昭和 42・2・2 民集 21 巻 1 号 88 頁）。さらに民法 177 条は、「不動産に関する物権の得喪及び変更は、不動産登記法……その他の登記に関する法律の定めるところに従いその登記をしなければ、第三者に対抗することができない」と規定するが、ここにいう**第三者**は当事者以外のすべての第三者を示すものではなく、**背信的悪意者**などを含まない「登記のないことを主張するについて正当な利益を有する者」に限定して解釈されるような場合である（最判昭和 44・4・25 民集 23 巻 4 号 904 頁など）。

③　**反対解釈**　　反対解釈とは、法令が規定する文字と反対の要件がある場合に、法文に規定されているものと反対の効果が生じるとする解釈である。たとえば、公職選挙法 9 条は「日本国民で年齢満 18 年以上の者は、衆議院議員及び参議院議員の選挙権を有する」と規定しているが、これを反対解釈すれば、外国人には衆議院議員および参議院議員の選挙権はなく、未成年者にも衆議院議員および参議院議員の選挙権はないことになる。また民法 3 条 1 項は、「私権の享有は、出生に始まる」と定めている。

民法 3 条 1 項は、すべての人が平等に権利をもっているという近代私法の原則である**権利能力平等の原則**の現れであり、権利能力の始期が出生であることを明確にしている。そこで民法 3 条 1 項を反対解釈すると胎児は出生した子ではないため権利能力を有しないことになる。しかしながら、いずれ生まれる胎児に権利能力がないとされると出生後に不都合が生じるおそれがあることから、以下のような一定の権利については胎児も出生した子と同様に扱われる。より具体的に考えると以下のようになる。民法 721 条は「胎児は、

損害賠償の請求権については、既に生まれたものとみなす」と規定している。

④　**類推解釈**　類推解釈とは、ある事項について明文の規定がない場合に、他の類似する事項に適用して解釈することである。類推は2つの事項が法的な価値を同じとしているところから生ずると考えられる。法律の条文がしばしば「準用する」と規定しているのは一種の類推解釈を立法的に定めたものである。

　たとえば民法 165 条は「前条の規定は、163 条の場合について準用する」と規定している。ここでの「前条」とは所有権に関する時効中断事由を定めた規定である。この「163 条の場合」というのは、所有権以外の財産権についての取得時効が認められる場合のことである。そのため民法 165 条の「前条の規定は 163 条の場合について準用する」という意味は、所有権に関する時効中断事由は、所有権以外の財産権に関する時効中断事由でもあるという意味になる。本来なら民法 165 条は 164 条と同様に条文にしてもよいのだが同じような規定を繰り返さないという立法技術上の必要性から「準用する」という規定がおかれる。

　その他の類推解釈の例を考えてみると、たとえば、民法 416 条は、「債務の不履行に対する損害賠償の請求は、これによって通常生ずべき損害の賠償をさせることをその目的とする」と規定しており、損害賠償の範囲について「通常生ずべき損害の賠償」の範囲を規定しているが、不法行為による損害賠償の範囲については規定がない。しかしながら、両者の損害賠償の範囲については、民法 416 条の規定を類推して同様の取扱いをするように解釈する。私法の分野では論理的整合性があると類推解釈は重要な意味を有する。しかしながら、刑事法の分野は、法律なければ刑罰なしという罪刑法定主義が支配する。すなわち、国民の基本的人権を保障するために厳格な解釈が要求され、拡張解釈が認められることはあっても類推解釈は禁止されているのである。

⑤　**勿論 (もちろん) 解釈**　勿論解釈とは、類推解釈の一種で、ある法令の立法目的・趣旨からみて明文の規定はないが、明文がある場合と同様の規定があると解釈する方法である。たとえば、民法 738 条は「**成年被後見人**が

婚姻をするには、その成年後見人の同意を要しない」と規定しているが、成年被後見人よりも意思能力に関して不十分さの少ない被保佐人については、明文の規定はないが保佐人の同意が不要なのは勿論であるという解釈である。また狭い道があり「自転車進入禁止」というルールがあった場合、もちろん自動車も進入禁止はもちろんであるということである。

⑥ **目的論解釈**　　目的論解釈とは、法律の目的、趣旨などの観点から法の意味・内容を探求し解釈することである。目的論解釈は、他の解釈方法と組み合わせて解釈する方法である。法が適用される紛争の利益・価値の対立を分析した上で、どのような利益・価値が実現されるべきかという「利益衡量論」は、目的論解釈を重視するものである。たとえば、著作権法1条は「この法律は、著作物……文化的所産の公正な利用に留意しつつ、著作者等の権利の保護を図り、もって文化の発展に寄与することを目的とする」と規定している。著作権法1条の規定によれば、著作権法の目的は「文化の発展」であることは明確である。

そのためには著作者の権利を保護すれば、積極的な著作活動を行うことになるだろうということで「著作者の権利の保護を図る」ことで文化の発展を促そうとしていると解釈できる。しかしながら、著作権法1条には「文化的所産の公正な利用に留意しつつ」とも規定されている。この規定からは著作物も人々に利用してもらわないと意味がないため、著作者の権利を保護しすぎて人々が利用できなくなることは問題であると考えていることがわかる。このように、著作権法は著作権の保護と利用者の保護の双方をバランスよく図っているのである。

第10講

法 の 適 用

本講のねらい
・裁判で行われることは事実認定と法の適用である。
・裁判外紛争解決（ADR）は、裁判所内 ADR と裁判所外 ADR とがある。
・第三者的な行政機関による紛争解決は、行政処分に関するものと行政処以外のものがある。

第1節　法が適用される事実

　刑事事件であれ民事事件であれ、裁判で行われることは、基本的には2つである。すなわち1つ目は主張された争われた事実関係を証拠の取調べによって確定する事実認定であり、2つ目は認定された事実に法を適用して判決という法的判断を導く法の適用である。

1　事実認定

　裁判において法的問題を抽出する作業のことを**事実認定**（事実の認定）という。すべての裁判は、まず事実を認定し、これに法律を適用するのであるが、事実認定の結果が裁判の結論に大きく影響することは少なくない。その意味において事実認定は裁判におけるきわめて重要な課題である。

　事実認定は、一定の証拠手続に基づいた訴訟当事者の主張、立証活動によって多数の歴史的事実の中から法的問題解決にとって重要な意味のある事実を選択して法的に構成し、法規範の規定する法律要件に該当する事実を確定することである。このような事実認定は、訴訟当事者の提出した証拠によって行われるが、証拠方法には、証人・鑑定人・当事者といった人的証拠と、文書・検証物という物的証拠がある。そして刑事・民事のどちらにおい

ても各証拠の価値をどう判定し評価するかという証明について、自由心証主義がとられる。これについて裁判官は自由に判断をし経験則に基づき合理的に判断することが要求される（刑事訴訟法318条、民事訴訟法247条）。

　また両当事者が証拠を提出して立証活動を行ったにもかかわらず証拠だけで裁判官が事実の存否を判断しかねる場合には、事実を存否いずれかにみなして当事者のどちらかに不利な判決を出さざるを得ない。この際に当事者の負う不利益ないし危険を証明責任（挙証責任・立証責任）という。

2　事実の推定

　事実の推定とは、事実認定が難しかったり不可能であった場合に法が普通の場合を想定して、法文のような事実があったものとして取り扱い、確定することである。たとえば、飛行機事故などで親と子供のどちらかが先に死亡したか不明である場合は、「同時に死亡したものと推定する」（民法32条の2）。

　他人の土地など不動産を過失なく自分の物と信じて10年間占有していると時効で所有権を取得する。この場合において前後両時点でそれを占有していれば、中間は占有が継続したものと推定される（民法186条2項）。また夫婦どちらの財産かはっきりしないものは共有と推定される（民法762条2項）ことなどが典型例である。この推定された事実は、反対の証拠を挙げれば覆すことができるが、そのような証拠がない場合は法文の通りの事実が確定することになる。

3　事実の擬制

　事実の擬制とは、事実の推定よりも強力であり法がその真否を問題としないである事実の存在を認めてしまうことである。これは反対証拠があっても覆すことはできない。そして事実の擬制は**看做す**や**みなす**と表現される。たとえば失踪宣告を受けた者を死亡したものとみなす（民法31条）、婚姻した**未成年者**などを成年に達したものとみなす（民法753条）、電気は財物とみなす（刑法245条）である。

　このように事実の擬制は、事実に反することを事実として取り扱うことを本質としており、これによって法の理想を実現しようとするものである。

第2節　裁判外紛争解決手続 (ADR)

　裁判はお金と時間がかかるので相手と直接交渉してきたが解決しそうにないといった場合等の紛争解決方法は、裁判だけとは限らない。第三者が間に入って紛争を解決することもある。この裁判以外の紛争解決方法が**裁判外紛争解決手続 (ADR)** と呼ばれ注目されている。ADR は、相談、苦情処理、斡旋、調停、裁定などである。この ADR は、裁判所内 ADR と裁判所外 ADR

図1-10-1　裁判外における第三者の関与による紛争の解決手続等の類型化のフロー・チャート

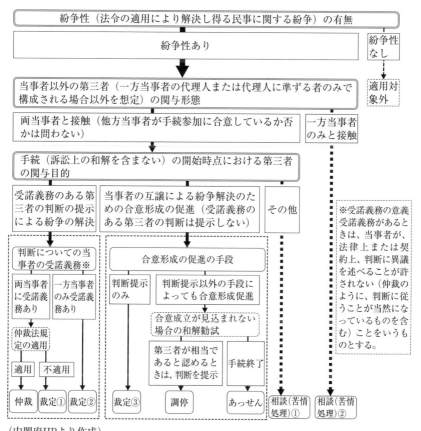

（内閣府HPより作成）

とがある。裁判所内 ADR は、主に簡易裁判所で行われる民事調停と、家庭裁判所で行われる**家事調停**および**訴訟上の和解**がある。調停とは、当事者との間に利害関係を有しない公平・中立な調停委員が法に拘束されず当事者間の話し合いを通じて合意点を探り出し、和解の成立に向けてする紛争解決制度である。これに対して裁判所外 ADR は、消費生活センター、国民生活センター、公正取引委員会、中央労働委員会などの行政機関などが行うものと、交通事故紛争処理センター、弁護士会の仲裁センター、国際仲裁取引等の民間機関が行うものがある。ここで行われる仲裁は、主に紛争当事者の合意によって解決を第三者に委ねる方法で、仲裁者が判断して当事者間はその判断に拘束される解決方法である。この ADR による紛争解決がうまくいかなかった場合は、民事裁判に進むことになる。

第3節　行政機関での紛争解決

　第三者的な行政機関による紛争解決手続として以下のものが挙げられる。

　まず行政処分（裁決・決定等）に関する手続として以下のものが挙げられる。

　①　国家公務員に対する不利益処分等の審査請求・異議申立てに対する審査（人事院）

　②　国税に関する法律に基づく処分の審査請求に対する審判（国税不服審判所）

　③　独占禁止法に違反する行為に対する課徴金納付命令の不服申立ての審判

　④　鉱業権の設定に対する不服の裁定（公害等調整委員会）

　⑤　労災補償保険給付に関する決定に対する再審査請求の裁決（労働保険審査会）

　⑥　健康保険の被保険者の資格等に関する処分に対する再審査請求の裁決（社会保険審査会）

　⑦　特許出願の拒絶査定等に対する不服の審判（特許庁）

　⑧　公害健康被害の認定等に関する処分に対する審査請求の裁決（公害健康被害補償不服審査会）

図1-10-2　ADRに関する基本的な法制の枠組み（イメージ）

（内閣府HPより作成）

　また行政処分以外（仲裁・調停・あっせん等）に関する手続として以下のもの
が挙げられる。

　①　公害に係る紛争の仲裁、調停、あっせん（公害等調整委員会）

　②　建設工事の請負契約に係る紛争の仲裁、調停、あっせん（建設工事紛争
審査会）

　③　個別労働関係紛争のあっせん（都道府県労働局紛争調整委員会）

　④　労働争議の仲裁、調停、あっせん（労働委員会）

　さらに紛争性のない第一次的な行政処分の手続として、

　①　独占禁止法に違反する行為等に関する審判（公正取引委員会）

　②　海難の原因の探究等に関する審判（海難審判所）

が挙げられる。

━━━━ コラム　家事調停とは ━━━━

　親族、相続に関する事件を適切に処理するための法律として家事事件手続法がある。家事事件手続法257条2項は、家事に関する事件について訴えを提起しようとする者は、まず家庭裁判所に家事調停の申立てをしなければならないと規定している（**調停前置主義**）。家事に関する事件については、裁判によって白黒はっきりさせるよりは、家庭裁判所によって円満な解決をはかる方が望ましいと考えられるからである。家事調停には、以下のようなメリットがある。①裁判所の受付に申立書が備えられており、書き方の説明等を受けられるなど申込手続が簡単であり、自分でもできる。②調停1件につき収入印紙代1200円といったように手数料が安い。③双方の意思に基づく合意内容（調停調書にかかれた内容）については、確定判決と同じ効力がある。④相手との直接交渉をしなくてもよい。すなわち相手と同席したくなければ調停委員が個別に対応をする。もちろん相手との同席も可能である。⑤調停は非公開であり、調停委員には守秘義務があるので人に知られずにすむ。このように家事調停は、人間関係を調整したり様々な配慮をしながら、家族・親族間の紛争の解決を目指している。

第11講

法 と 裁 判

本講のねらい
・日本の裁判制度は、刑事裁判、民事裁判、行政裁判に分類される。
・裁判に関わる人たちは、原則として裁判官、検察官、弁護士である。
・裁判員裁判とはどのようなものか。
・裁判員はどのように選任されるのかを考える。

第1節　裁判の意義

　裁判とは、社会生活上のトラブルを解決するために公的な第三者が判定を下すことをいう。より詳細に言い換えると裁判は、①法的な紛争を対象とし、②訴える側（原告）と訴えられる側（被告）が存在し、③適正な手続に基づいて行われ、④司法機関である裁判所が判断を下す作用をいう。日本の裁判は、個人の行為が犯罪であるか、また犯罪であればどのくらいの刑罰を科すのが合理的であるかを決定する刑事裁判、私人間の権利と義務の紛争解決を目的とする民事裁判、国や地方自治体などが関与する行政事件を扱う行政裁判に分けられる。この中で行政裁判は、広い意味では民事裁判に含まれる（行政訴訟法7条）。

　裁判所は、日本国憲法76条1項に規定されている通り最高裁判所と下級裁判所がある。下級裁判所は、**高等裁判所**、**地方裁判所**、**家庭裁判所**、**簡易裁判所**に分けられる。この中で簡易裁判所は、争われている利益の額（訴額）が140万円以下の民事裁判と軽微な刑事裁判を扱う第一審裁判所である。また家庭裁判所は、相続や離婚などの家族関係に関する家事事件と20歳未満の少年の犯罪や非行に関する少年保護事件および福祉犯罪に関わる成人の刑事事件を扱う裁判所である。なお審級制度については、第一審の判決に不服で

ある場合に控訴をすることにより第二審（控訴審）、さらに上告することにより第三審（上告審）の裁判を受けることができる三審制を採用している。

1　刑事裁判

　刑事事件は**捜査手続**と**公判手続**に分けられる。捜査手続は、警察・検察などの捜査機関が、被疑者（罪を犯した疑いのある者）を特定し、必要に応じてその身柄を拘束して犯罪の証拠を収集・保全することである。捜査機関が犯罪の確証を得た場合には事件を検察庁に移送する。検察官は、裁判所に起訴状を提出すること（公訴提起）によって第一審の公判手続が始まる。ただし、情状によって訴訟を必要としないときは、不起訴または起訴猶予処分にすることも可能である（起訴便宜主義）。このように公訴提起に関して検察官には、大幅な裁量が認められている。

　第一審の公判手続は、①裁判所に出頭した被告人が公訴を提起された本人であることを確認する人定質問から始まり、黙秘権の告知とともに、事件の内容・争点を明らかにすべく、起訴状朗読と罪状認否が行われる冒頭手続、②検察官、被告人双方の証拠による立証が行われる**証拠調べ**、③被告人・弁護人および検察官の意見陳述が行われるという**弁論手続**が行われる。これが終了すると結審し判決の宣告で終了する。審理は、主に当事者である検察官・被告人双方の攻撃・防御に基づく**当事者主義**が採用されている。ただし、当事者主義とはいえ民事裁判における弁論主義は採用されず、裁判の目的はあくまでも真実の発見と考えられている。これを実体的真実主義という。

　また刑事裁判では被告人の人権を侵害する可能性があるため、日本国憲法は 31 条以下で刑事手続における人権保障手続を置いている。その内容については弁護人依頼権、国選弁護人制度、公平かつ迅速な裁判の保障、証人尋問権、黙秘権、強制・拷問による自白の禁止、伝聞証拠の禁止等である。なお通常の刑事手続のほかに証拠調べ手続を簡略化した簡易公判手続（刑事訴訟法 291 条の 2）や即決裁判手続（刑事訴訟法 350 条の 2）がある。また簡易裁判所が 100 万円以下の罰金・科料を書面審理のみで言い渡す略式手続がある（刑事訴訟法 461 条以下）。

2　民事裁判

民事裁判は、原告が裁判所に訴状を提出すること（訴えを提起）によって手続が始まる。なお当事者本人が訴訟を追行する本人訴訟の場合もあるが、一般には原告（訴える側）、被告（訴えられる側）双方とも代理人として弁護士を選任することが多い。裁判所は、訴えが不適法と考える場合には、直ちに訴え却下の判決を下すが、それ以外の場合には対立する当事者が裁判官の面前で攻撃・防御のための主張を行う手続である**口頭弁論**を行って審理をする。裁判所は証拠調べを行った後、弁論を終結して判決を言い渡す。

民事裁判は、元来当事者間で自由に解決すべき私人間の利益をめぐる争いである。そのため当事者が主導権をもち、請求の内容、事実の主張、証拠の提出などは当事者の責任で行われる。これを**弁論主義**という。判決には請求認容（原告勝訴）と請求棄却（原告敗訴）の2つがある。しかしながら、現実には欠席裁判を除くと多くの場合が、原告の請求の放棄、被告の請求の認諾、和解などにより、判決を待たずに裁判は終了している。

3　行政裁判

行政裁判は、国または地方公共団体の公権力に関する紛争を解決するためのものである。国・地方公共団体が当事者として私人と対等な立場で交渉する点では民事裁判と共通性を有する。そのため、行政裁判において行政事件訴訟法に定めのない事項については、「民事訴訟の例による」とされている（行政事件訴訟法7条）。行政訴訟には4つの類型がある。まず第一に抗告訴訟である。抗告訴訟は行政庁の公権力の行使に不服のある者が、違法状態の排除を求める訴訟である（行政事件訴訟法3条1項）。

その具体例としては、①処分の取消しの訴え、②裁決の取消しの訴え、③無効等確認の訴え、④不作為の違法確認の訴え等である。第二は当事者訴訟であり、当事者間の法律関係を確認・形成する処分または裁決に関する訴訟で、法令の規定によるその法律関係の当事者の一方を被告とするものの、公法上の法律関係に関する訴訟の2つを含む（行政事件訴訟法4条）。第三は民衆訴訟であり、国・地方公共団体の機関の法規に適合しない行為の是正を求める訴訟で、選挙人たる資格その他自己の法律上の利益にかかわらない資格で

提起するものをいう（行政事件訴訟法5条）。その具体例としては、選挙訴訟、住民訴訟がある。第四は機関訴訟であり、国・地方公共団体の機関相互間における権限の存在またはその行使に関する紛争についての訴訟である（行政事件訴訟法6条）。

第2節　裁判制度とその理念

1　三　審　制

　日本の現行裁判制度は、**三審制**を採用している。三審制とは、第一審の判決に不服な場合、原則として**控訴**により第二審（控訴審）の裁判を受けることができ、さらに第二審の裁判に不服な場合、**上告**により第三審（上告審）の裁判を受けることができる制度である。個々の裁判所は、それぞれが独立して裁判を行い、下級裁判所が上級裁判所の指揮監督を受けるものではない。ただし、下級裁判所の判決に対して当事者から不服申立として上訴があったとき、上級裁判所は下級裁判所の判決を審査することができ、上級裁判所の判断が下級裁判所の判断を拘束する。

2　裁判の公開

　裁判が国民の信頼を得るためには、公正なものでなければならない。そのための手段として、裁判を公開して国民の監視の下におく必要があり、そのことにより裁判の公正を確保することは有益である。日本国憲法82条1項は、民事裁判における口頭弁論や刑事裁判における公判手続である「対審」、および対審に基づいた裁判官の判断である**判決**を公開の法廷で行うべきことを規定している。ただし、わいせつ罪等の裁判や当事者の名誉を侵害するような場合には「公の秩序又は善良の風俗を害する虞がある」として、対審を公開しないことができる。しかしながら、これは裁判の公開の例外であり、裁判官の全員一致によるものでなければならない。また政治犯罪、出版に関する犯罪、および国民の権利が問題となっている事件の対審は必ず公開しなければならない。

3　司法権の独立

　憲法76条1項は、「すべての司法権は、最高裁判所及び法律の定めるとこ

ろにより設置する下級裁判所に属する」と規定し、司法権を帰一させている。裁判所が司法機関として公正・平等な裁判を行うためには、司法権の独立および自律性が確保される必要がある。憲法は、司法権も独立について最高裁判所が下級裁判所の裁判官も指名権（憲法80条1項）、最高裁判所が規則制定権（憲法77条1項）等を与えている。

4 裁判官の独立

裁判官は、具体的訴訟事件について何者の圧力・干渉・指揮命令などに拘束されず、その良心のみに従って職権を行使しなければならない。また裁判官は、憲法と法律のみに拘束される。これが裁判官の独立である。

第3節　法曹（裁判官／検察官／弁護士）

1 裁 判 官

裁判所を構成して訴訟の進行をつかさどり、最後に争いの決着をつけるのが裁判官である。日本においては一部の**刑事裁判 (裁判員裁判)** を除いて職業裁判官のみが裁判を行う。日本国憲法では裁判官は、最高裁判所の裁判官と下級裁判所の裁判官とに区別されている（憲法79条・80条）。さらに裁判所法5条は、裁判官は最高裁判所長官、最高裁判所判事、高等裁判所長官、判事、判事補、簡易裁判所判事から構成されると規定している。最高裁判所の裁判官は、見識が高く法律的素養があり、年齢40歳以上の者の中から任命される。最高裁判所長官は内閣の指名に基づき天皇が任命し（憲法6条）、その他の裁判官は内閣が任命する（憲法79条1項）。下級裁判所の裁判官は、最高裁判所の用意した名簿によって内閣が任命する（憲法80条1項）。このうち、判事補は法曹としての経験が10年に満たないものである。裁判官の任期は10年で、10年ごとに再任の手続が行われる（憲法80条1項）。簡易裁判所判事は、判事や判事補以外の者でも選考委員会の選考で任命されることもある（裁判所法45条）。

憲法76条3項は、「すべて裁判官は、その良心に従ひ独立してその職権を行ひ、この憲法及び法律にのみ拘束される」と規定しており、裁判官の職権の独立を宣言している。裁判官は、その意思に反して免官、転官、停職、報

酬の減額を受けることはできない（裁判所法48条）。このうち罷免と報酬の減額については憲法上でも保障されている（憲法79条〜80条）。例外として裁判官を辞めさせることができるのは、①国会の弾劾裁判所で罷免のための判決を受けた場合（憲法64条）、②分限裁判により心身の故障のために職務の執行が困難であると裁判された場合、③最高裁判所の裁判官については、**国民審査**で罷免の投票がなされた場合（憲法79条）である。なお、③の最高裁判所の裁判官については、任命後初めて行われる衆議院議員総選挙の際の国民審査、およびその後10年を経過して後に行われる総選挙の際の国民審査による罷免が認められている（憲法79条2項・3項）。

2 検 察 官

検察官は、公益の代表として刑事訴訟の分野で国家機関として働くことを任務とする公務員である。その中心的な職務は刑事事件における犯罪の捜査、公訴の提起、法の正当な適用を請求する公判活動、裁判の執行の監督である。日本において刑事事件については検察官のみが訴追を行う（刑事訴訟法247条）。これを国家訴追主義といい、検察官以外の機関や私人は告訴・告発により訴追を促すにとどまる。また検察官は、ごく例外的に民事事件にも関与する。たとえば、婚姻の取消しといった公共の必要性があるときに公益の代表者として関与する場合（検察庁法4条、人事訴訟法2条）である。また国が原告、被告となる民事訴訟において国の訴訟代理人として訴訟を担当する（法務大臣権限2条）。このような検察官の権原は、検察権と呼ばれる。

検察官は法務大臣の一般的指揮を受け、個々の事件については検事総長を頂点とする組織体として指揮命令系統に従い検察事務を行う、検察官同一体の原則を採用している。また検察官の事務を統括するのが検察庁であり、検察庁は各地に置かれている。これは、最高検察庁が最高裁判所に、高等検察庁が高等裁判所に、地方検察庁が地方裁判所に、区検察庁が簡易裁判所に、それぞれ対置している（検察庁法2条）。また検察官は、検事総長、次長検事、検事長、検事、副検事から構成される。このうち検事総長、次長検事、検事長は内閣が任免し、天皇が認証する（検察庁法15条）。また検察官は、定年による退官、検察官適格審査会が職務不能と判断した場合、あるいは懲戒処分

による場合などのほかは、その意に反して失官、停職、減俸されることはなく、裁判官に似た身分保障が行われている。しかしながら、これは憲法上の保障ではない点で裁判官の場合と異なる。

3 弁 護 士

　弁護士は、裁判官や検察官と異なり公務員ではない。弁護士になれる資格は、原則として判事補や検事と同様に司法試験に合格し、司法修習生の修習を終え日本弁護士連合会に備えた弁護士名簿に登録した上で、弁護士会（地方裁判所の管轄区域ごとに設立されている）に入会して初めてその職務を行うことができる（弁護士法8条・9条）。

　弁護士は、当事者の依頼に基づいて訴訟その他一般の法律事務を行い、民事訴訟の代理人、刑事訴訟の弁護人となって基本的人権の擁護と社会秩序の維持につとめる。その他、非訟事件（裁判所が後見的に決定する参画手続）、行政庁に対する不服申立事件（審査請求、異議申立て、再審請求など）を行う。民事裁判の場合は弁護士を訴訟代理人にしない本人訴訟も可能であるが、多くの場合において訴訟代理人として弁護士が選任されている。

　刑事事件の場合は、基本的人権として弁護人を依頼する権利が保障されている。この弁護人は弁護士の中から選任される（憲法34条、刑事訴訟法30条・31条）。そして貧困などの理由で弁護人を自分で選任できない場合は、裁判所が国選弁護人を選任する（刑事訴訟法36条〜38条）。

　この制度は、起訴後の被告人に対して適用されるため、最近では起訴前の逮捕、拘留された段階での被疑者の人権を保障するための当番弁護士制度が各地の弁護士会に設けられている。また刑事裁判では、死刑または無期懲役もしくは3年を超える懲役・禁錮にあたる事件を審理するには、弁護人がいなければ開廷することができない（刑事訴訟法289条1項）。

　このような事件を必要的弁護事件といい、弁護人の不出頭・不存在の場合には、裁判長は、職権で弁護人を附さなければならない（刑事訴訟法289条2項）。弁護士は職務上以下のようないくつかの義務を有する。①職務上知った他人の秘密を保持しなければならない（弁護士法23条）。②受任事件に関して相手方から利益を受け、またはこれを要求、約束してはならない（弁護士法26条）。

③係争中の権利を譲り受けることはできない（弁護士法28条）。

第4節　司法過程と事実認定（当事者主義／自由心証主義／挙証責任）

1　当事者主義

　当事者主義とは、訴訟における事案の解明や証拠の提出に関する主導権を当事者に委ね、裁判所は中立的な判定をする地位に立って両者の主張の優劣を判断する方式をいう。

　民事訴訟では訴訟手続における主導権を当事者間に認める。具体的には訴訟のどの側面に関するかによって、**処分権主義・弁論主義・当事者進行主義**のいずれかになる。手続の進行については職権主義が採られるが、事案の解明については当事者間の紛争解決をねらいとする建前から当事者主義が基調となる。

　刑事事件においては、刑事訴訟法上で実体的真実主義を貫きながら迅速な裁判、公平な裁判を確保するためには、どうしても職権主義的な要素が強調される。しかしながら、職権主義はどうしても被告人を単なる捜査の対象とみる方向になる。そこで現行刑事訴訟法において裁判所は、証拠調べは当事者の請求によるものを原則としている。

2　自由心証主義

　裁判における証拠調べの際に証拠としての価値は、裁判官の自由な判断に任されている。これを自由心証主義という。刑事訴訟法は318条で「証拠の証明力は、裁判官の自由な判断に委ねる」と規定しており、民事訴訟法247条も「裁判所は、判決をするに当たり……自由な心証により、事実についての主張を真実と認めるべきか否かを判断する」と規定している。いずれも裁判官の自由な判断に委ねられているという解釈である。

3　挙証責任

　訴訟においてある事実の存否が確定されない場合、裁判所はその事実は存在しないと取り扱うが、その結果において当事者が受ける不利益を挙証責任という。民事訴訟において事実の認定は、弁論の全趣旨、および証拠調べの結果を材料にして自由な心証に基づき行われるが、裁判官の知識や当事者の

努力にも限界があり、事実がはっきりしない場合が出てくる。このような場合でも裁判を可能する必要から、その事実の存在または不存在を仮定して権利関係に存否の判断をすることになる。

　この仮定により受ける一方当事者の不利益を挙証責任という。たとえば売買代金請求事件において原告が、売買契約の成立につき立証行為をしないか、または立証行為をしたとしても心証を形成するにいたらなかった場合には、その契約は存在しなかったと仮定され、その前提の下に原告は敗訴の不利益を受ける。これに対して刑事事件において刑事訴訟法では、挙証責任は原則として検察官が負うとされている。ただし、例外的に同時傷害（刑法207条）、名誉棄損罪における真実の証明（刑法230条の2）等において被告人に挙証責任が転嫁される。

第5節　裁判員裁判

1　裁判員制度とは

　裁判員制度は、国民が刑事手続のうち地方裁判所で行われる刑事裁判に参加して被告人が有罪かどうか、仮に有罪である場合にどのような刑にするのかを裁判官と一緒に決める制度である。この裁判員制度は 2004（平成16）年に制定された「裁判員の参加する刑事裁判に関する法律（裁判員法）」に基づき、2009（平成21）年5月より実施されている。この裁判員制度は、国民から無作為に選出された裁判員が裁判官とともに裁判を行う制度であり、国民の司法参加により国民の日常感覚や常識などを刑事裁判に反映させるとともに、司法に対する国民の理解の増進とその信頼の向上を図ることが目的とされている。

　裁判員制度の対象となる事件は、地方裁判所で行われる刑事事件であり、代表的なものとして以下のようなものがある。①殺人、②強盗致死傷、③傷害致死、④危険運転致死、⑤現住建造物等放火、⑥身代金目的誘拐、⑦保護者責任者遺棄致死、⑧覚せい剤取締法違反等である。いずれも死刑または無期懲役、禁錮にあたる罪に関する事件、法定合議事件（法律上において合議体で裁判することが必要とされている重大事件）であって、故意の犯罪行為により被害

者を死亡させた罪に関する事件である（裁判員法2条1項）。ただし裁判員やその親族に危害が加えられるおそれがあり、裁判員の関与が困難な事件は、裁判官のみで審理・裁判をする（裁判員法3条）。なお被告人は、裁判員制度が適用されることに対して拒否権はない。

　裁判は、原則として裁判官3人、裁判員6人の**合議体**で構成され、被告人が事実関係を争わない事件については裁判官1名、裁判員4名で審理することができる。公判前整理手続により争点と証拠は絞られているが、裁判員は審理に参加して裁判官とともに証拠調べを行い、有罪か無罪かの判断と有罪の場合の量刑の判断を行う。法律に関する専門知識が必要な事項は裁判官が担当する（裁判員法6条）。また裁判員は、証人、被害者等や被告人に対して質問をすることができ（裁判員法56条～59条）、裁判官と裁判員の間で評議を行い評決する（裁判員法66条）。評決は構成裁判官および裁判員の過半数の意見による（裁判員法67条1項）。そして評決に基づき裁判長は法廷にて判決を言い渡す。

　連続殺人事件のように被告人を同じとする数個の対象事件の場合において裁判所は、複数の事件を一括して審理する併合事件として事件を区分し、区分した事件ごとに合議体を設けて順次審理する決定をすることができる。これを区分審理決定という。この区分審理決定は、審理が長期化するおそれがあり、裁判員が長期間審理に関わることが困難であることから行われる次第である。この区分審理決定がなされると、その区分された事件についての犯罪の成否のみが判断され、部分判決が言い渡される（裁判員法77条・78条）。すべての区分審理審判が終了後、区分審理に付されなかった事件の犯罪の成否と併合事件全体の裁判を行う。これを併合事件審判という（裁判員法86条）。ここでは、残された事件の犯罪の成否とすでになされた部分判決に基づいて、量刑を決定する。この手続において、裁判員はそれぞれの区分審理または併合事件審判にしか参加できない（裁判員法84条）。

2　裁判員の選任方法

　裁判員の選任方法は、各地方裁判所の管轄区域内の市町村の**選挙管理委員会**が、くじで選んで作成した名簿に基づき翌年の裁判員候補者名簿を作成し、

地方裁判所に送付する。この裁判員候補者名簿に登録されるのは 20 歳以上の人物に限られる。地方裁判所は、**裁判員候補者名簿**に記載された者に対して名簿に登録された旨を通知する（裁判員法 23 条・25 条）。この通知の際には就職禁止事由や客観的な辞退事由に該当しているかどうかを尋ねる調査票も送付される。そして各事件ごとに裁判員候補者名簿の中からくじで裁判員候補者が選ばれる。この時に検察官や弁護人は立ち会うことも可能である（裁判員法 26 条）。くじで選ばれた裁判員候補者には、質問票を同封した呼出状が送付される（裁判員法 27 条・30 条）。この呼出状は裁判の日数が 5 日以内の事件では 1 事件あたり 70 人程度の裁判員候補者に送られる。

　そして裁判員候補者は、この質問票に回答し裁判所に返送する。この質問票では、欠格事由（義務教育未終了者、禁錮以上の刑に処せられた者等）、就職禁止事由（国会議員、一定の公務員、警察官など）、辞退事由（年齢 70 歳以上、学生など）、事件に関連する不適格事由（被告人・被害者の関係者など）などが質問される。

　この回答により明らかに欠格、就職禁止、不適格事由に該当する場合および辞退を希望して明らかに辞退事由が認められるものは呼出が取り消されることもある。裁判員候補者のうち辞退を希望せず欠格事由等が認められない裁判員候補者は、裁判所に呼び出され出頭する。そして出頭した裁判員候補者中から候補者のプライバシーを保護するために非公開で裁判員と補充裁判員が選任される（裁判員法 33 条）。

　選任に際して裁判長は、裁判員候補者に対して不公平な裁判をするおそれの有無、辞退希望の有無・理由などについて質問を行う。また陪審裁判官、検察官、被告人または弁護人は、裁判長に対して、選任の判断に必要と思料する質問を、裁判長が裁判員候補者に対して行うように求めることができる（裁判員法 34 条）。この質問の回答に基づき不選任者を決定する（裁判員法 34 条 4 項）。また検察官および被告人は、裁判員候補者についてそれぞれ 4 人を限度に理由を示さずに不選任の決定の請求を求めることができる（裁判員法 36 条）。これらの手続を経て裁判所は裁判員と補充裁判員を選任する決定をする（裁判員法 37 条）。裁判員には、守秘義務と出廷義務が課されている（裁判員法 112 条・108 条）。

権利と義務

本講のねらい
・権利とは特定の法律的な利益を得るために法が認めた力である。
・権利の種類については、公権、私権および社会権に大別される。
・人権の行使は、絶対的で無制限なものではない。

第1節　権利の定義と権利の主体・客体

1　権利の定義

　権利とは、特定の法律的な利益を得るために法が認めた力である。たとえば雇用関係において労働者は、賃金請求の権利を持ち企業家は労務提供請求の権利を持つ。また借家関係において賃借人は家屋提供請求も権利を持ち、賃貸人は家賃請求の権利を持つ。

　それぞれの権利は、法的に優劣がなく不履行があれば国家に救済を求めることができる。ところが、封建法の身分中心の立場、すなわち主人と雇人・大家と店子の関係においては決してそのような法的平等者同士の関係ではなく、主従的な権力者対服従者的な上下関係であった。

　主人は権力によって服従者を支配するが、服従者が主人に対して権利的な要求をすることは身分秩序に反し、封建法の承認を得られない。服従者が権力者にできるのは懇願や請願であって、要求ではなく、これらは権利とはいえない。現代の雇用は権利関係であるが、かっての主従関係はむしろ権力関係なのである。

　前述の通り権利とは、特定の法律的な利益を得るために法が認めた力である。これに対して法律上の力に対応する法律上の拘束を義務という。義務は権利の反面であり、権利と義務は相対する。日本国憲法で定められている国

民の三大義務は**勤労の義務**（憲法 27 条 1 項）、**納税の義務**（憲法 30 条）、**子供に教育を受けさせる義務**（憲法 26 条 2 項）であり、国民の三大権利は生存権、教育を受ける権利、参政権である。権利と義務は相対するものが多いが、そうではないものもある。

　たとえば民法 714 条は責任無能力者がその責任を負わない場合において、その責任無能力者を監督する法定の義務を負うものは、その責任無能力者が第三者に加えた損害を賠償する責任を負うと規定している。この民法 714 条の監督義務のように、義務のみがあり権利がないこともある。また取消権や同意権などの形成権のように権利のみがあり、義務がないこともある。

2　権利の主体

　権利は法の理想に枠づけられた法的地位の確立である。この地位を与えられる者が権利の主体であり、それはまた権利能力とも人格とも呼ばれており、自然人（人間）と法人に権利能力は付与されている。つまり身分・地位・階級・宗教・年齢・性・人種に関係なく、すべての人は平等に権利能力を有しているのである（権利能力平等の原則）。また権利能力は同時に義務能力でもある。ただし、法人の権利能力は、その担当する社会作用に応じて広狭であり平等ではない。

3　権利の客体

　権利の客体とは、権利の内容や目的がそれについて成立する対象である。たとえば、債権の客体は特定の人、親族権の客体は一定の身分関係に立つ人、人格権の客体は権利主体その人、物権の客体は物である。特に物はすべての権利と関係があるため、特に民法の総則編で物について規定している。すなわち物は有体物（法律上排他的支配が可能な物）に限られる（民法 85 条）。また物は様々な基準により分類できるが、民法では不動産と動産、主物と従物、元物（げんぶつ）と果実の 3 つの態様に分類される。不動産とは土地および定着物（建物、定植の樹木などの土地に付着する物）をいい、不動産以外の物を動産という（民法 86 条）。

　不動産と動産の区別は、物権法上において重要な意義を有する。建物と家具のように独立した 2 個のものでありながら、一方が他方の経済的効用を助

ける関係にあるときには一方が主物であり他方が従物である。従物は主物の処分に従う（民法87条）。また物から収益が得られた場合においてその物を元物といい、収益を果実という。果実には元物の経済的効用に従って収取される天然果実（みかんなど）と元物を他人に使用させて対価として収取される法定果実（賃料など）とがある。

第2節　権利の種類

権利の種類については、公権、私権および社会権に大別される。その中で私権については詳細な検討が加えられてきた。その他、国際法上の権利が存在するが、国際法上の権利も公権として大別されてきた。国内法上の公権が以下の2つに分けられる。

1　国 家 公 権

国家が国民を統制する権利であり、主権の典型的発動である。その作用にしたがって分類すると**立法権・行政権・司法権**などがある。

2　人　　　権

基本的人権とも呼ばれ、国民が国家あるいは公共団体に対して持つ権利をいい、自由権・生存的基本権・参政権・受益権などに分かれている。

　(1)　**自　由　権**　　自由権とは、国民が国家からみだりに自由・財産などを侵されない消極的権利であることを本旨とする。その主なものは、①人身の自由（憲法18条等）、②思想および良心の自由（憲法19条）、③信教の自由（憲法20条）、④集会・結社・表現および通信の自由（憲法21条）、⑤居住・移転・職業選択・外国移住および国籍離脱の自由（憲法22条）、⑥学問の自由（憲法23条）、⑦婚姻の自由（憲法24条）、財産権の自由（憲法29条）等である。

　(2)　**生存的基本権**　　生存的基本権とは、国家からの侵害を禁ずるだけでなく、さらに進んでその援助を求め、これによって自由権の保障を積極的・経済的に具体化する権利である。それは自由権の発達であり、国家からの自由を求めるにいたったことを示している。たとえば、①生存権（憲法25条）、②教育を受ける権利（憲法26条）、③労働権（憲法27条）、④労働者の団結および団体行動権（憲法28条）等である。

(3) **参　政　権**　　参政権とは、国民が国家・公共団体の機関として直接・間接に公務に参加し得る権利である。その主なものは、①公務員選定・罷免（憲法 15 条等）、②憲法改正承認の国民投票権（憲法 96 条）、③最高裁判所裁判官審査の国民投票権（憲法 79 条）などである。なお、④地方公共団体に適用される特別法についてのその地方住民の同意権（憲法 95 条）、⑤普通地方公共団体の選挙権者に認められる条例の制定改廃・事務の監査・議会の解散・団体長・議員その他の解散などの直接請求権等がこれに該当する（地方自治法 74 条以下）。

(4) **受　益　権**　　受益権とは国民が国家に対して積極的行為を要求し、その他利益を受ける積極的公権である。その主なものは、①栄誉享受権（憲法 14 条 3 項）、②請願権（憲法 16 条）、③公務員の不法行為に基づく損害賠償請求権（憲法 17 条）、④裁判請求権（憲法 32 条）、⑤適法行為によって特定のものに特別損害を負わせた場合の補償請求権（憲法 29 条）等である。

3　私　　　権

私法上の権利は様々な角度から分類することが可能である。人格権・身分権・財産権というような権利の内容によって私権を分類すると、以下のようになる。

(1) **人　格　権**　　人格権とは、生命・身体・自由・名誉から貞操・氏名・肖像・信用などにいたるまで、人格と切り離すことができず、取引の目的ともされない権利である。個人の尊厳を尊重しつつ、人格やその属性を処分することは認められない。封建社会では人身売買が行われていた。その禁止は 1872（明治 5）年に行われた。また名誉の質入れなどもあった。しかしながら、今日では、自らの生命を与えることや奴隷となったり名誉を質入れしたり貞操を売ることなどは、たとえ事実上行われているとしても私法上無効であり、多くは公法により鎮圧されている。

(2) **身　分　権**　　身分権とは、親子・夫婦・親族などという非意思共同体の一員としての地位（身分）において認められる権利である。非意思共同体とは、生まれながらの親子・親族のように自らの意思によって選ぶことのできない関係、または養子・夫婦のように自らの意思で選ぶことはできても

その結果においてつくり出される内容は意思によって変更できない関係で、利害の打算を超えた全人格共同関係を形成するものを指す。したがって身分権は、その共同体を維持・発展させるという目的に制約されており、権利というよりは、義務に近い形をとり、その濫用は特に厳重に監視されている。また身分に伴う権利であるから、当然一身専属権であって取引の目的とはならない。

　身分権の代表的なものは父母が未成年の子に対して持つ親権（民法818条）であるが、それは子を幸福に次世代の社会成員にふさわしく育てあげるよう、肉体的・精神的に観護・教育しその財産を守ってやるもので（民法820条～824条）、これに反する親権の行使は、権利の濫用となり（民法1条3項）、自分の権利だからといって勝手に放棄したり、他人に譲ったりはできない。身分権の中にも、夫婦の協力扶助（民法752条）・親子や兄弟姉妹間の扶養（民法877条）などのように財産的内容を持つものもあるが、これらも一身専属の取引できない権利である点は変わらない。相続開始前の相続期待権なども同様である（民法886条以下）。

　(3) 財 産 権　財産権とは経済的価値を持って取引の対象となる権利であって、**物権・債権・無体財産権**などに分けることができる。

　①　物権　物権とは、特定の物を直接かつ排他的に支配する権利である。たとえば、所有権（民法206条以下）・地上権（民法265条以下）、抵当権（民法396条以下）などがこれである。ここでいう直接に支配するとは、権利内容、たとえば物の利用・換価して優先弁済を受けるなどを実現するのに義務者の協力を必要としないという意味で、債務者の履行がないと目的を達し得ない債権とは異なる。物権の直接性が害され、たとえば所有権が奪われたりすれば、妨害を排除する権能が認められる。これを物権的請求権といい返還・妨害排除・妨害予防の3つに分けられる。またここで排他的に支配するといったのは、その物について同じ内容を持つ他の権利が成立することを排斥する意味であり、物権は両立することができない。

　たとえば同一の家屋を二重に買い受けた2人の家屋引渡請求債権が2つとも並列的に成立することはない。一つの物について2つの所有権は成立しな

いし、一軒の家屋に2つの抵当権が成立する場合は、一番二番の順序があって先のものが優先されるので、権利の内容が違っている。これを一物一権主義という。

　物権の排他性からは優先的効力が生じる。内容の衝突する物権と債権とでは物権が優先する。抵当権という物権を持てば、その抵当物を競売して換価した代金から、単に債権を持つ者よりも優先して弁済を受けることができる。また内容の衝突する物権では、先に成立したものが後のものに優先する。ある家屋を2人の人が二重に買い受けても、先の買主の所有権が第二の買主に優先する。ただし不動産登記を備えないと優先の主張ができない。

　物権の効力ははなはだ強力なので、その存在を知らないで取引に入った者はひどい損害を受ける。そこで物権は、たとえば不動産なら登記、動産ならその支配（占有）によって一般に公示されるべきものとされており、これを怠ったときは物権を持っているという主張を第三者に許さないこととされている（民法177条〜178条）。家屋を先に買い受けて所有権を獲得していても、これを登記しておかないとあとからその家屋を二重に買い受けた者に対しては、自分のものだと主張できない。

　②　債権　　債権とは、債権者が債務者に対して債務の弁済（給付）を請求する権利であり、売主の代金請求権や買主の買った物の引渡請求権（民法555条）、労働者の賃金支払い請求権（民法623条〜624条）等がこれにあたる。債権は常に債務と対立し、債権者と債務者の協力によって満足させられる。ここに両者の信義誠実に基づく協力が強く要求されるわけである。

　債権は物権と異なり、債権的請求権というようなものは持たない。それは債務者に給付を請求する権利であって、物を支配する権利ではないからである。また優先的効力も持たない。たとえば、AがB・C・Dらに、ある時計を与える約束をすれば、B・C・Dはそれぞれ同一内容の債権を獲得する（債権者平等の原則）。

　③　知的財産権　　知的財産権とは、著作権・特許権・意匠権・商標権・実用新案権等のように精神的労作を直接・排他的に支配する権利である。その内容はほぼ物権に準じて考えてよい。

4 支配権・請求権・形成権・抗弁権・一身専属権

(1) **支　配　権**　　支配権とは、権利の客体を直接に支配する権利である。請求権のように、権利内容を実現するために他人の行為を介在させない点が特色である。ここで支配というのは絶対無制限的なものではなく、法の目的によって枠づけされる。支配権が侵害されると不法行為に基づく損害賠償請求権が生じる（民法709条）。

(2) **請　求　権**　　請求権は、他人に作為（積極的行為）・不作為（積極的行為をしないという行為）を請求する権利である。権利の内容を実現するために、必ず他人の行為の介在を必要とする点が特色である。これに属する主なものは債権であり、物権から流出する物権的請求権、身分から派生する夫婦間の同居請求権・親族間の扶養請求権。子の認知請求権等がある。

(3) **形　成　権**　　形成権とは、権利者の一方的な意思表示によって権利の発生・変更・消滅（法律効果）を生じさせる権利である。取消権・追認権・解除権・認知権等がこれに属する。形成権が行使されると、相手方の意思いかんにかかわらず法定の効果を生じてしまう。

　　請求権のように相手方の義務履行を必要とするものではなく、また支配権のように権利内容を支配するものではなく当然に権利内容を実現し、それによって権利も消滅するものである。たとえば婚姻をしていない男女の間に生まれた者は、父親が認知（市町村長への届出）をすることによってはじめて法的な父子となり、相続権・扶養義務などが発生する。

(4) **抗　弁　権**　　抗弁権とは他人から請求された給付を拒絶し、請求権の作用を一時停止（または永久に消滅）させる権利である。

　　たとえば売主が品物を渡すまでは代金の支払いを拒絶するといった同時履行の抗弁権（民法533条）、まず借主に請求した後でなければ支払を拒絶できるという保証人の催告の抗弁権（民法452条）、借主には資力があり強制執行も容易だということを保証人が証明した場合には、それが終わるまでは支払を拒絶する保証人の検索の抗弁権（民法453条）などがこれである。抗弁権は形成権と似ているが、権利の行使を妨げるだけで権利自体に変更を加えるものではない。

（5）**一身専属権**　　一身専属権とは、権利の取得者や行使者の変更が許されるかどうかを基準として、その権利が権利者の人格と密接不可分の関係にあり譲渡や相続に認められない権利をいう。一身専属的な権利の例として、①扶養請求権、②身元保証人としての地位、③生活保護受給権等が挙げられる。一身専属権は前述の通り他の者に移転しない性質を持つことから、譲渡や相続の対象にならず差押えをすることも認められない。

第3節　権利の行使と制限

1　公法上の権利の行使と制限

　日本国憲法の人権は「侵すことのできない永久の権利」（憲法11条・97条）である。しかしながら、このような人権の行使も絶対的で無制限なものではない。憲法13条は、基本的人権は、「公共の福祉に反しない限り、立法その他の国政の上で、最大の尊重を必要とする」と規定している。また憲法12条も国民に対して基本的人権の濫用を戒め、「常に公共の福祉のためにこれを利用する責任を負ふ」と規定している。さらに居住・移転・職業選択の自由について規定している憲法22条、財産権について規定している憲法29条にも「公共の福祉」という言葉が用いられている。

　それゆえ日本国憲法の解釈としては、人権が公共の福祉により制約される。公共の福祉という枠でどの程度人権を制限できるかは、個々の基本的人権の具体的な内容を考えて、公共の利益と国民の利益を衡量した上で決まることになろう。たとえば憲法19条が規定している思想・良心の自由には、こうした制約原理は働かせるべきではないと考えられるのに対して、公共政策の観点から財産権が制限されることは、ある程度容認される。また憲法29条は財産権の内容は法律によって規制されると規定している。

　この例として、食品衛生法6条は国民の健康のために一定の食品の販売等を禁止しており、独占禁止法は一般消費者保護のために私的独占を禁じている。また文化財保護法は、文化財の保存のために私有財産に一定の制限を加えている。国土利用計画法は、大企業によって土地が投機的に買い占められ地価が高騰することを抑制するために、土地の売買について一定の場合に届

出制または許可制を定めている。ここで問題となるのは、憲法29条2項によって制約を受ける財産権の範囲であるが、「公共の福祉に適合」すれば無制限に規制できるというものではない。

2 私法上の権利の行使と制限

権利を行使するとは、法律によって付与される権利を持つ人が実際に権利を行使することである。たとえば労働権のような労働能力と意欲を持つ労働者が、国家に対して労働機会を与えるように請求する権利も行使可能である。憲法では「すべて国民は、勤労の権利を有し、義務を負ふ」(憲法27条1項)として労働権を規定している。

また交通事故など他人の不法行為によって自分の権利や財産が侵害された場合には、被害者は加害者に対して損害を賠償するよう請求する権利を行使できる。このように様々なケースにおいて権利を行使できるが、その権利の行使を制限される場合もある。

民法においては、所有権について「所有者は、法令の制限内において、自由にその所有物の使用、収益及び処分をする権利を有する」(民法206条)と規定している。つまり所有者はその権利を自由に行使できるといったことになる。ただし民法の規定の通り所有権は法令により制限され、その制限は民法以外の各種法律により膨大な数に及ぶ。所有権を制約する理由も警察目的、公益目的、文化・厚生目的、あるいは農業や水産業など各種政策目的からくるものなど様々である。注意すべきこととしては、憲法29条2項の規定が、財産権も内容は法律でこれを定めなければならないと規定していることから、所有権の制限を行うにしても、それには形式的意義の法律によることが必要とされ、命令によって所有権を制限することはできないことになる。

3 権利の濫用

外見上は権利の行使のようにはみえるが、実質的には権利行為といえないものを権利の濫用行為という。もっともこの権利の濫用については、所有権についてみられるのでここで具体例を挙げたい。

宇奈月温泉事件 (大判昭和13・10・26民集17巻2057頁)

山間の峡谷を縫って宇奈月温泉へ湯を引くための4170間 (約7589m) の引

湯菅がたまたま2坪（約6.6 m²）ばかりの他人の荒廃地の上にあるのをXが見つけこれを安価で買い受け、温泉会社であるYに引湯管の撤去を求め、引湯菅を撤去できないのであれば、これを他の土地（合計約3000坪）とともに2万円（現在でいうと数千万円）で買い取れと要求した事案である。ちなみに引湯管はYが巨額の費用を投じて完成させたものであった（金額にして30万円、現在でいうと数億円）。

これに対して裁判所は、上記のような行為は「所有権の行使」という外形は帯びているが、真に権利の救済を求めようとするものではない。不当な利益の獲得を目的として所有権を利用しているものであり、社会の常識からして所有権の目的に反して所有権の機能の範囲を超えており「権利の濫用」に他ならないと判示した。権利の濫用は、一見すると権利の行使のように見える行為も、権利の社会経済目的を考え、対立する利益の均衡や、行為者の意思、これを実行する利益の有無等々を考えて判断されることになる。

コラム　法律用語とリーガルマインド

　本講のテーマである権利と義務という言葉は、法律用語であり日常でも使われている言葉である。さらに小学校、中学校、高校の授業そして大学の講義で学んだ公共の福祉という言葉も法律用語であり、日常でもよく聞く言葉である。その他、環境アセスメント、善意、悪意等多くの法律用語が日常で用いられている。これらの日常でも使われている法律用語の意味を正しく理解している人たちはどれだけいるであろうか。おそらくほとんどの人たちがこれらの言葉の意味を理解しないで日常で使用していると考えられる。またリーガルマインドという言葉をしばしば耳にする。このリーガルマインドという言葉は、法的な考え方という意味で使われているように思われる。では法的な考え方とは何なのであろうか。一般的に法的な考え方とは法律の実際の適用に必要とされる柔軟、的確な判断であるとされている。この法的な考え方を習得するためには、法律用語の意味をよく理解すべきであると考える次第である。その結果、法律を学ぶにあたりさらなる理解が深まると考える。

第 2 部

憲　　法

第1講

憲法とは何か

本講のねらい
・憲法とは何か。憲法の意味を把握する。
・憲法は、国家の根本法である。
・近代憲法の原則である立憲主義とは何か。
・憲法にはどのような種類があるか。

第1節　憲法とは何か

1　憲法の語義

　憲法とは、統治権の主体、統治組織など国家統治の基本的な体制・秩序を定める法体系の総体をいう。

　現在においても過去においても、地域が異なっても、国家あるところにルールがある。その意味ですべての国家には憲法があるといえる。

　憲法は、①おきて、のり（法一般）、②国家の根本法を意味する。憲法という語は、聖徳太子の十七条の憲法（604年）がその最初とされているが、それには主として官吏に対する道徳的訓戒が記されていた。国家の根本法の意味で使用されるようになったのは、constitution（英、仏）、verfassung（独）に対する訳語にあてられたからである。これらの訳語以外に、国憲、政規、国政、政体などの語が考えられていた。

2　憲法の意味

　国家の存立のためには、統治権の主体、組織、作用、治者と被治者との関係などについて定める基礎法あるいは根本法が必要となる。国家の根本体制、根本秩序を定める法規範を憲法という。

　国家統治はすべて憲法に基づいて行われる。また、国家の統治機構は、国

民の信託に基づき設けられたものであり、国民の人権を保障し、国家権力から国民の人権を守るための法規範でもある。近代的意味の憲法（後述）は、「統治機構」と「権利の宣言（権利章典）」という2つの機能を持つ法規範である。

(1) 実質的意味の憲法　　すべての国家には、どのような形式でも国の組織や運営のきまりがあり、実際、いつの時代でも、いずれの地域でも国家のあるところには必ずそのようなきまりがあった。

文字に表されていない慣習法の形式であっても、あるいは、議会で制定される普通の法律の形式であっても、国家の根本的な組織や運営の基本原則を定める国家の根本法が存在する。これを**実質的意味の憲法**という。

(2) 形式的意味の憲法　　国家の組織・構造の基本原則を法典（憲法典、成典憲法）としてまとめ、成文法としたものを**形式的意味の憲法**という。現在ほとんどの国が憲法典を持つが、唯一イギリスは憲法典を持たない**不文憲法**の国である。

イギリスの憲法は、慣習法以外に多くの成文法で構成される。たとえば、マグナ・カルタ（大憲章、Magna Carta）、権利章典（Bill of Rights）、王位継承法（Act of Settlement）などである。

第2節　立憲主義とは何か―近代憲法の原則

1　近代的意味の憲法（立憲的意味の憲法）

成文憲法は**立憲主義**（constitutionalism）とともに確立された。立憲主義とは、一般的に近代以降に国民主権・権力分立・基本的人権の保障・法の支配（rule of law）の基本原理を伴った国家体制を要請する、近代の政治思想を指す。憲法が成立することによって立憲主義が定着したため、立憲主義は近代立憲主義の意味で用いることが多い。

近代的意味の憲法とは、近代立憲主義に基づき、国家権力を制限して国民の人権を保障するものであり、これが本来の憲法であり、権力分立（三権分立）、人権保障（基本的人権）の原理を持っている。

1776年にイギリスから独立したアメリカでは、アメリカ諸州の憲法が制定

され、そして 1787 年にはアメリカ合衆国憲法が制定され、そして、1791 年にはフランス憲法が制定され、その後、ほとんどすべての国が憲法典を制定している。特に、フランス革命の最中の1793年に市民の権利を中心に据えた近代憲法である共和暦１年憲法（ジャコバン憲法）が成立したが、この憲法は諸外国に影響を与えた。

　アジアでは、最初の立憲主義による憲法がオスマン帝国で制定された。このオスマン帝国憲法は、1876 年に発布されたが翌年には停止された。その後、1883年に大日本国帝国憲法が制定され、アジアでは最初の立憲政治が行われる立憲国家になった。立憲国家とは憲法に基づいて政治を行う国家をいう（これについては、コラム参照）。

2　立憲主義とは何か

　国家権力が、憲法により制約を受け、憲法の定めるところに従って行使され、人権を保障することを立憲主義と言い、そのような内容を持つ憲法を近代的意味の憲法、あるいは、立憲的意味の憲法と言う。

　近代的意味の憲法は、国民による議会（国政）への参加（政治参加）、人権の保障、権力の分立という一定の共通性を持つ。

　1789 年のフランス人権宣言（人および市民の権利宣言）は、権利の保障および権力分立について規定する。すなわち、16 条は、「権利の保障が確保されず、権力の分立が定められていないすべての社会は、憲法をもたない」と規定する。

　立憲主義の意味するところは広いが、おおむね、２つの要素に集約することができる。すなわち、個人の権利、自由を国家権力による恣意的な侵害から守ろうとする自由主義の要素と、国民が自ら国政に参加するという民主主義の要素である。

　自由主義により、基本的人権の保障、権力分立、司法権の独立などが導き出され、また、民主主義により、議会の立法権、責任政治の原則などが導き出される。

　近代憲法は、ロック（John Locke, 1632-1704）、ホッブス（Thomas Hobbes, 1588-1679）、ルソー（Jean-Jacques Rousseau, 1712-1778）らによる近代啓蒙思想の

影響を強く受けている。彼らの思想は、そもそも人は生まれながらにして神（創造主）から与えられた権利（自然権）を持つという、天賦人権論、そして、国家と国民との間で、国民が有する自然権を国家に預ける契約を結ぶという社会契約論がその内容である。

　立憲的意味の憲法とは、国家権力を制限して国民の人権を保障するものが本来の憲法とするものであり、もともと、権力者の権力濫用を抑えるために憲法を制定するという考え方である。これに加えて、現代的意味の憲法は、国民の権利濫用も抑えるものであるとする説もある（参照：阪本昌成『新・近代立憲主義を読み直す』成文堂、2008 年）。

第3節　憲法の種類

　憲法はその分類する基準により様々に分けられる。すなわち、法形式、制定者、制定手続、改正手続の難易による分類である。

1　法形式による分類

　(1) **成 文 憲 法**　　一つの憲法典として法典化された憲法であり、ほとんどの国は成文憲法を有している。

　(2) **不 文 憲 法**　　「イギリスに憲法無し」と言われるが、イギリスにおいては、国家統治の根本法が一つの憲法典として法典化されておらず、王位継承法や国会法などの個々の法律や判例、慣習によって構成されている。

2　制定者・制定手続による分類

　(1) **欽 定 憲 法**　　これは、君主主権原理に基づき、君主の権威を憲法制定の最終的な根拠とするものであり、その例としては、プロシア憲法、大日本帝国憲法、1814 年フランス憲法などがある。

　(2) **民 定 憲 法**　　これは、国民主権原理に基づき、国民の権威を憲法制定の最終的な根拠とするものであり、議会または憲法制定会議が制定する。その例としては、1791 年のフランス憲法やアメリカ合衆国憲法などがある。

　(3) **協 約 憲 法**　　これは、君主国において君主と国民代表の合意により制定するものであり、1830 年フランス憲法などがある。

　(4) **連邦憲法**（条約憲法、国約憲法）　　これは、多数国家間の合意（条約）に

よって単一の連邦国家を創設する場合に制定するものであり、条約憲法、国約憲法とも言う。その例としては、1787年のアメリカ合衆国憲法、1848年のスイス連邦憲法などがある。

3　硬性憲法と軟性憲法

(1) 硬 性 憲 法　　改正手続の難易による分類としては、まず、通常の立法手続よりも厳重な手続が求められる改正が困難な硬性憲法がある。

(2) 軟 性 憲 法　　これは、改正が容易な憲法であり、普通の憲法改廃手続と同じ手続で改正が可能である。

第4節　日本国憲法の位置づけ

前述のように憲法には様々な種類があるが、日本国憲法はどのような憲法なのか考えてみたい。憲法の上諭に記載されているように、日本国憲法は帝国憲法73条1項の改正により第90回帝国議会で成立している。それゆえ、日本国憲法は、大日本帝国憲法を改正する形で定めた欽定憲法であると考えられる。これについては、国民主権主義原理に立って国民を制定権威としているので、民定憲法と言うこともでき、あるいは、天皇と国民とが一緒になって成立させたので協約憲法であると見ることもできるとの意見もある。また、改正の難しさゆえに硬性憲法である。これに加え、日本国は、君主国か共和国かとの議論もあるが、日本国は天皇を君主とする立憲君主国であるといえよう。なお、宮沢俊義はポツダム宣言受諾により、天皇主権を基本とする大日本帝国憲法から国民主権を基本とする日本国憲法への改正は、憲法改正の限界を超えるため、日本において革命が起こったとする、八月革命説を唱えた。この説に立てば日本国は民定憲法ということもできる。

コラム　アジアで最初の憲法は？

　日本は、明治維新を経て、近代国家へと変貌を遂げるわけだが、近代国家となるための要件として、明治政府には憲法制定と議会の開設という重要な宿題が課された。それは、幕末に徳川幕府が結んだ不平等条約改正に必要な制度であった。1889年、政府は「大日本帝国憲法」を公布し、翌1890年帝国議会が開設された。

　19世紀アジア地域はそのほとんどが、欧米各国の植民地で独立国家ではなかったが、日本やオスマン帝国（現在のトルコ共和国）、シャム（現在のタイ王国）などが辛うじて独立を保っていた。

　本講でも記述したように、アジアで最初の憲法は1876年に発布されたオスマン帝国憲法であると言われる。

　オスマン帝国憲法は、起草者にちなんでミドハト憲法とも呼ばれ、1876年12月公布された。内容は、イスラム教徒と非イスラム教徒の平等、宗教比例代表制議会、責任内閣制、言論出版の自由などが規定された近代的憲法であった。その後、1877年のロシア・トルコ戦争の勃発により効力は停止されたが、1908年青年トルコ党革命により、憲法は復活し、1921年トルコ大国民議会憲法が成立するまでに若干の改正を加え存続された。

　大日本帝国憲法は、アジアで最初の憲法ではないとその価値を貶めるような言説が流布しているが、この憲法によりアジアで最初の立憲政治がスタートしたことは紛れもない事実であり、私たちはそれを大いに誇りとすべきである。

第2講

憲法の制定過程

本講のねらい
・大日本帝国憲法の特徴はどのようなものであったか。
・日本国憲法はどのようにして制定されたのか。

　日本における近代的意味の憲法は、大日本帝国憲法（以下、明治憲法）にはじまる。ここでは明治憲法の制定過程と特徴、そして日本国憲法の制定過程について学ぶ。

第1節　大日本帝国憲法

1　制定過程

　明治憲法の制定の背景には、幕末に締結した不平等条約を改正して西洋列強諸国と対等の関係となることを目指した対外的要因と、国民の自由と権利を要求した自由民権運動による国内政治の不安定を解消し、政府の基盤を確保するという国内的要因があった。

　明治天皇は1875（明治8）年4月に、元老院・大審院・地方官会議を設置して徐々に立憲政体を確立するとした「**立憲政体の詔書**」を発布し、翌1876（明治9）年9月、憲法草案の起草を元老院に命じた。これを受けて起草された「日本国憲按」が1880（明治13）年に天皇に奏上された。諸外国の君主制憲法を参照して作成されたこの草案は、立法権を皇帝（天皇）と議会で分有すること、また附録に皇帝（天皇）の国憲遵守の誓約が規定されていたことなどから、日本の国情に合わないものとして政府首脳により拒否され、採択には至らなかった。

　この時期、立志社の「日本憲法見込案」や植木枝盛の「日本国国憲按」な

102　第2部　憲　法

ど民間から憲法草案（私擬憲法）が次々と発表されるなど、自由民権運動が高揚した。天皇は 1881（明治 14）年 10 月 12 日「**国会開設の詔**」を出し、1890（明治 23）年を期として国会を開設するとした。翌 1882（明治 15）年政府の命を受けた伊藤博文らが渡欧し、ベルリンやウィーンで、グナイスト（Rudolf von Gneist）やシュタイン（Lorenz von Stein）らから憲法を学んだ。帰国後、伊藤は憲法制定取調局の長官として、井上毅、伊藤巳代治、金子堅太郎らとともに、ドイツ人のロエスレル（Karl Friedrich Hermann Rösler）らを顧問とし、憲法草案を起草して 1888（明治 21）年に天皇に奏上した。この草案は枢密院へ諮詢し確定されたのち、天皇の裁可を経て大日本帝国憲法として **1889（明治 22）年 2 月 11 日に公布**され、**1890（明治 23）年 11 月 29 日に施行**された。

　明治憲法は欽定憲法として天皇が黒田清隆首相に手渡す形式で発布された。同時に憲法付属法である議院法や衆議院議員選挙法、貴族院令なども公布され、皇位継承や摂政などについて定められた**皇室典範**もこのとき公表された。74 条によって皇室の家法である皇室典範の改正を帝国議会が行うことはできず、また皇室典範によって憲法の改正もできないとされた。このため皇室典範と憲法とは対等であるとされた。

2　特　　徴

　明治憲法は告文と憲法発布勅語に続いて、前文としての上諭、第 1 章天皇、第 2 章臣民権利義務、第 3 章帝国議会、第 4 章国務大臣及枢密顧問、第 5 章司法、第 6 章会計、第 7 章補則からなる本文 76 条で構成されている。告文と勅語は憲法の構成部分ではないが、告文は天皇の祖先に対し、勅語は国民に向けて天皇が憲法制定を宣言し、憲法制定の目的を述べたものである。

　(1) 明治憲法の特徴　　明治憲法は、天皇を統治権者とする立憲君主制の憲法である。天皇の地位は、『日本書紀』に由来する建国神話にある天照大神（天照大御神・あまてらすおおみかみ）から受け継いだものとされており、神権的な権威に由来する。そして欽定憲法として天皇自身が憲法を定めることによって、統治権の行使を自己制限するものでもあった。

　天皇は統治権を総覧する（4 条）ことから、立法、立法部の構成、行政、非

常時における権能など広範に及ぶ天皇の大権が列挙されていた。このほかの特徴として、権能の配分にとどまるものの権力分立制度が導入され、公選議員による衆議院が設置されるなど限定的ながらも民主政治が導入されていた。また不完全ながらも、国民の権利保障がなされていた点も特徴である。

　(2) 天 皇 主 権　　明治憲法は1条で「大日本帝国ハ万世一系ノ天皇之ヲ統治ス」として**天皇主権**であること、そして4条で天皇の地位を「天皇ハ国ノ元首ニシテ統治権ヲ総攬」するとし、元首であり統治権者であるとした。また同時に「此ノ憲法ノ条規ニ依リ之ヲ行フ」とされ、立憲主義に基づくものであることも明らかにされた。

　憲法に列挙された天皇の**大権事項**は広範に及んでいた。立法に関する大権では、緊急時に緊急勅命を出すことや (8条)、法律の執行や公共秩序の保持を目的とする独立命令を出すこと (9条) ができた。またこれらの命令について議会の協賛は必要とされなかった。さらに行政各部の組織を制定する官制大権と官吏の任免を行う任免大権 (10条)、軍隊を指揮し監督する統帥権 (11条)、宣戦布告や講和を行い、条約を締結する外交大権 (13条)、戒厳宣言の大権 (14条)、栄典大権 (15条)、恩赦大権 (16条) が天皇大権として規定されていた。また財政についても非常時に財政緊急処分 (70条) を行うことが可能であり、議会の事後承認により勅令で予算の変更や国債を起こすことができた。

　明治憲法は国家権力を分割し、各機関に配分する権力分立を採用していたが、日本国憲法の権力分立制とは大きく異なっている。明治憲法では、天皇に統治権があることから議会・裁判所・政府機関は、**天皇の政治を支える翼賛機関**としてそれぞれの機関に権限が配分されたものにすぎなかった。明治憲法での国家機関の権限は、天皇との関係において規定されていた。

　帝国議会は天皇の立法権を協賛するものとされ (5条)、公選議員からなる衆議院と、皇族や華族、勅選議員などからなる貴族院の二院制をとっており、両院は対等な地位にあった。天皇は7条で議会の開会・閉会、そして衆議院の解散を行うことができた。議会の立法権は天皇の大権に対抗することはできず、皇室に関する事項についても立法権の外とされていた。このことから議会に認められた立法権の及ぶ範囲は制限されたものであった。また立法過

程についても議会単独で法律が成立するものではなく、議会が議決した法案は天皇の裁可を必要としており（6条）、議会による立法権は限定されていた。ただし明治憲法下において議会で議決した法案を天皇が裁可しなかったことはない。

　軍の統帥や戦争に関する権限は天皇の大権であり議会の立法権限が及ばないものとされた。財政についても皇室の予算は国庫から支出されるものとされ、増額される場合のみ議会の協賛を必要とした（66条）。予算について明治憲法では予算不成立の場合、前年度の予算を執行するとされていた（71条）。

　裁判は「天皇ノ名ニ於テ」（57条）行うものとされ、民事・刑事事件の裁判が認められていた。ただし行政事件については行政裁判所で扱うものとされ（61条）、列挙された出訴事項に限られていた。

　55条で「国務各大臣ハ天皇ヲ輔弼シ其ノ責ニ任ス」とされていたが、内閣は憲法上の機関ではなく内閣官制によるものであった。国務大臣は議会に対して責任を負わず、それぞれ単独で天皇に責任を負う大臣責任制であった。内閣総理大臣は、内閣官制2条で「各大臣ノ首班トシテ機務ヲ奏宣シ旨ヲ承ケテ行政各部ノ統一ヲ保持ス」とあり、国務大臣の同輩中の首位とされ、国務大臣の任免権は認められていなかった。

　明治憲法下では刑法で「皇室ニ対スル罪」が定められ、不敬罪が置かれていた。これは天皇や皇族の個人の身体や名誉を保護法益とするものではなく、国家体制を保護法益とするものであった。

（3）権利の保障　　明治憲法は2章で「居住・移転の自由」（22条）や「人身の自由」（23条）、「裁判を受ける権利」（24条）、「財産権」（27条）、「信教の自由」（28条）、「言論・集会および結社の自由」（29条）などの権利や自由を認めていた。また法の下の平等については19条で公務就任の平等のみが規定されている。

　しかし明治憲法におけるこれらの権利は、人間が生来的に持っているものではなく、臣民として認められた限りにおいて、天皇により**恩恵として与えられたもの**であった。このことは上論でも「我カ臣民ノ権利及財産ノ安全ヲ貴重シ及之ヲ保護シ此ノ憲法及法律ノ範囲内ニ於テ其ノ享有ヲ完全ナラシム

ヘキコト」と宣言され、権利や財産権の保障は憲法および法律の範囲におい
て保障された。さらに22条の居住移転の自由と、29条の言論・集会および
結社の自由には、それぞれ「法律ノ範囲内ニ於テ」と法律による留保がある
とされた。また28条の信教の自由についても「安寧秩序ヲ妨ケス及臣民タル
ノ義務ニ背カサル限ニ於テ」と明記されていた。このように明治憲法におけ
る**権利や自由は法律の範囲内において保障された**にすぎず、法律によって制
限することが可能であった。これに加えて31条で戦時や国家の緊急事態で
は臣民の権利や自由は天皇大権の行使に対抗することができないとされてい
た。このように明治憲法の人権は**限定的な保障**にとどまるものであった。

　臣民の義務としては、20条に兵役の義務と21条に納税の義務が課せられ
ていた。

第2節　日本国憲法の制定

　日本国憲法の制定の契機となったのは、**ポツダム宣言の受諾**である。1945
（昭和20）年7月26日、アメリカ・イギリス・中国は日本に対しポツダム宣言
を出して、降伏を求めた。これは日本に降伏を勧告し、その条件を示すもの
で、民主主義的傾向の復活強化、思想・宗教の自由、基本的人権の尊重と、
国民の自由に表明される意思に従った平和的かつ責任ある政府の樹立が要求
されていた。しかし日本はこれをすぐに受け入れず、広島・長崎への原爆投
下を経て8月14日に受諾を決定した。その後、9月2日に東京湾上のアメリ
カ軍の戦艦ミズーリ号上で、重光葵外相、梅津美治郎参謀総長が降伏文書に
署名した。

　ポツダム宣言の受諾にあたっては、示された「条件」と「国体」が相入れ
ることができるか、つまり天皇が主権を持ち統治権を総攬する国家体制が維
持できるかという点が問題であった。日本政府は当初、明治憲法の改正は必
ずしも必要ではなく、また「国体」の護持も可能であると考えていた。しか
し連合国最高司令官総司令部（GHQ/SCAP）最高司令官であったマッカー
サー（Douglas MacArthur）から明治憲法の改正を示唆され、松本烝治国務大
臣を長とする憲法問題調査委員会（松本委員会）が立ち上げられた。松本委員

会では、天皇が統治権を総攬する国体の護持を基本としながらも、議会の権限を強め国民の権利や自由の保障を強化する方針で改正審議が行われていた。

　この時期、民間が作成した憲法改正草案が年末から次々と公表され、年が明けてからは各政党の憲法改正草案も発表された。

　1946（昭和21）年2月1日に毎日新聞に松本草案甲案がスクープされ、政府の草案が大日本帝国憲法とほぼ変わらないものであることが明らかとなった。これを受けた総司令部の命令により8日に松本草案乙案が提出されたが、総司令部には受け入れられなかった。

　日本政府の草案提出に先立ち、マッカーサーは民政局へ憲法草案に盛り込むべき必須の要件として、**1 天皇制の維持、2 戦争と軍備の放棄、3 封建制度の廃止とイギリス型予算制度**の3項目（マッカーサー・ノート、マッカーサー三原則）を提示し、憲法草案作成を指示した。完成した総司令部草案は、これを最大限に考慮して憲法を改正するよう通告された上で2月13日、日本政府に手渡された。この総司令部案を翻訳した3月2日試案をもとに総司令部と折衝が行われ、憲法草案が作成された。

　その後、3月6日に憲法改正草案の要綱が公表され、4月17日に憲法改正草案として内閣草案が作成された。そして6月20日に明治憲法73条の改正手続に従い、大日本帝国憲法改正草案として提出された。改正草案は6月25日に衆議院本会議に上程され、6月28日、芦田均を委員長とする帝国憲法改正案委員会に付託された。衆議院での修正は、前文・1条の国民主権の趣旨を明確にしたことや、9条1項の冒頭に「日本国民は、正義と秩序を基調とする国際平和を誠実に希求し」、2項の冒頭に「前項の目的を達するため」がそれぞれ追加されたこと（芦田修正）などがある。改正草案は、衆議院で審議・修正がなされたのち8月24日に可決され、貴族院に送付された。その後貴族院で審議がなされ、法律の成立について、両院協議会の追加などの修正を経たのち10月6日に可決された。そして貴族院の修正について衆議院が同意し、帝国議会の審議が終了したのちに、憲法改正案は枢密院の審議を経て**1946（昭和21）年11月3日**に**「日本国憲法」**として公布され、半年の周知期間を経たのち、**1947（昭和22）年5月3日**に施行された。

===== コラム　日本国憲法制定の法理 =====

　日本国憲法は、上諭で「枢密顧問の諮詢及び帝国憲法第七十三条による帝国議会の議決を経た帝国憲法の改正を裁可し、ここにこれを公布せしめる」とされており、形式的に日本国憲法は明治憲法 73 条に定められた憲法改正手続によって制定されたものとされる。つまり日本国憲法は形式上、天皇によって改正が裁可され公布されたもので、欽定憲法として成立したものである。

　しかし日本国憲法は、前文で「主権が国民に存することを宣言し、この憲法を確定する」とし、天皇の地位は「主権の存する日本国民の総意に基く」（1 条）とされていることからも明らかなように、国民主権の原理によって制定された民定憲法である。このように天皇主権から国民主権へ改正することは可能かという日本国憲法と明治憲法との間の法的連続性、つまり日本国憲法が有効であるか無効であるかが問題となる。

　この問題は、憲法改正の限界をどのように捉えるかという点とも関連している。憲法改正手続に従った憲法改正に内容的な限界はなく、いかなる改正も可能であるとする説（憲法改正無限界説）からは、日本国憲法を有効とする説がある。しかし憲法改正無限界説であっても、これ以外の理由を挙げて日本国憲法を無効とする説もある。

　対して改正手続による憲法改正であっても、改正できる内容には限界があり、憲法の基本原理を改正することは許されないとする説（憲法改正限界説）からは、天皇主権から国民主権へ改正された日本国憲法は当然に無効とされる。しかし憲法改正限界説からこの矛盾を説明するものとして、ポツダム宣言の受諾によって一種の法的な革命が生じたとする八月革命説がある。この説では天皇主権である明治憲法が、国民主権を要求したポツダム宣言を受諾することは不可能であったことから、ポツダム宣言の受諾によって明治憲法の天皇主権制は廃され、国民主権が成立するという法的な革命が生じ、新たな主権者となった国民によって日本国憲法を制定されたと説明する。つまり、明治憲法の改正手続が便宜的に借用され、明治憲法との形式的な連続性が説明される。

第3講

日本国憲法の前文、基本原理

> 本講のねらい
> ・憲法前文とは何が書かれているのか、どのような性質のものか。
> ・日本国憲法の基本原理をそれぞれ確認し、相互関係を明らかにする。

日本国憲法の基本原理である国民主権、平和主義、基本的人権の尊重は、憲法前文で宣言されている。ここでは前文の効力や日本国憲法の基本原理について述べる。

第1節 前　　文

前文はその法律の目的や精神を述べるもので、法律の最初に付される。ただし、すべての法律に前文があるわけではなく、基本方針を明らかにするために制定される基本法などに付されることが多い。たとえば教育基本法は、その他の教育法令の根拠法となるべき性格をもつ重要な法律であることから、前文で教育理念を宣明して制定の由来と目的を明らかにし、法の基調をなしている主義と理想が宣言されている。

日本国憲法の前文は4段から構成されており、憲法の基本原理が示されている。冒頭では国民主権と代表民主制について、2段に平和主義と平和的生存権の保障、3段で国際協調による平和の達成について述べられており、最後の段で憲法の理念や目的達成への誓約で締めくくられている。

1　前文の法的性質

日本国憲法において前文は憲法の一部として、**憲法本文と同じ法的性質を**持つとされる。これにより前文に反する下位規範の効力は否定されることになる。また前文の改変は、憲法改正手続によるものと理解されている。しか

し前文の裁判規範性については、肯定する説と否定する説で対立がある。

外国の多くの憲法においても前文が付されているが、その性質については一様ではない。たとえばアメリカ合衆国憲法では憲法制定の由来や目的を宣言するものであり、法的意味についてあまり注目されていない。対して、フランス第五共和国憲法の前文は「1946年憲法（第四共和国憲法）前文で確認され補充された1789年宣言（フランス人権宣言）が定める人権および国民主権の原理…（中略）…を遵奉することを、厳粛に宣言する」とされており、法的性質のみならず、裁判規範性も認められている。

2　平和的生存権

平和的生存権は、前文の「全世界の国民が、ひとしく恐怖と欠乏から免かれ、平和のうちに生存する権利を有する」を根拠とし、人権の基礎となる平和を権利として捉え、**平和を享受する権利**として主張されているものである。前文は日本国憲法の一部であり法的効力を持つとされていることから、この平和的生存権の裁判規範性が問題となった。しかし裁判規範性が認められるかにつき判例・学説ともに見解が対立している。

平和的生存権を認めた長沼事件一審判決（札幌地判昭和48・9・7判例時報712号24頁）では、平和的生存権を政治的かつ生存権的な権利であり世界の国民に共通する基本的人権そのものであるとし、「社会において国民一人一人が平和のうちに生存し、かつ、その幸福を追求することのできる権利」と説明している。そして「保安林指定の解除処分が航空自衛隊の第三高射群の基地設置と不可分に結びつくものであり、そしてその結果、原告、原告らの平和的生存権、その他の権利の侵害の恐れが生じていると疑われる」とし、平和的生存権を訴えの利益として認めた。また自衛隊のイラク派兵差止等請求事件控訴審判決（名古屋高判平成20・4・17判例時報2056号74頁）も平和的生存権は憲法上の法的な権利として認められるべきであるとし、「局面に応じて自由権的、社会権的又は参政権的な態様をもって表れる複合的な権利ということができ、裁判所に対してその保護・救済を求め法的強制措置の発動を請求し得るという意味における具体的権利性が肯定される場合がある」とした。その上で「憲法9条に違反する国の行為、すなわち戦争の遂行、武力の行使等

や、戦争の準備行為等によって、個人の生命、自由が侵害され又は侵害の危機にさらされ、あるいは、現実的な戦争等による被害や恐怖にさらされるような場合、また、憲法9条に違反する戦争の遂行等への加担・協力を強制されるような場合」には平和的生存権が侵害されたとして「裁判所に対し当該違憲行為の差止請求や損害賠償請求等の方法により救済を求めることができる」として具体的権利性を認めている。

　一方、長沼事件控訴審判決（札幌高判昭和51・8・5判例時報821号21頁）では、前文における平和主義は政治運営を規制するという意味において法的効力を有するものとし、「理念としての平和の内容については、これを具体的かつ特定的に規定しているわけではなく」、平和的生存権は「裁判規範として、なんら現実的、個別的内容をもつものとして具体化されているものではない」として、裁判規範性を否定している。同様に百里基地訴訟では下級審・上告審ともに平和的生存権に対して否定的な見解に立つ。控訴審判決（東京高判昭和56・7・7判例時報1004号3頁）では前文の法規範性について、「解釈を通じて　本文各条項の具体的な権利の内容となり得ることがあるとしても、それ自体、裁判規範として、国政を拘束したり、国民がそれに基づき国に対して一定の裁判上の請求をなし得るものではない」として、平和的生存権を具体的な救済を求めることのできる権利ではなく、「政治の面において平和理念の尊重が要請されることを意味するにとどまるもの」とした。また上告審判決（最判平成元・6・20民集43巻6号385頁）では、平和的生存権を「理念ないし目的としての抽象的概念であつて、それ自体が独立して、具体的訴訟において私法上の行為の効力の判断基準」になり得ないとした。

　平和的生存権の裁判規範性について下級審では裁判規範性を認める判例があるが、最高裁では平和的生存権の抽象的な意味においての法規範性を認めるものの、具体的権利としての私人間における裁判規範性については否定している。

　平和を人権として捉えるとしても、その主体や内容、性質は不明確であり、平和的生存権は理念的な権利であるといえる。このため平和的生存権に裁判上の具体的な法的権利性を認めることは難しい。また憲法前文は抽象的な原

理の宣言であることからも、これを直接的な根拠として裁判上の救済を求めることができる裁判規範性は持たないものとされる。

第2節 基本原理

国民主権と平和主義、基本的人権の尊重は**日本国憲法の基本原理**であるが、**それぞれ独立して存在するものではない。**

基本的人権や自由そして人間の生存は、平和なくして確保することは困難であり、平和主義と基本的人権の尊重は相互依存的関係にある。そして国民主権によって政府の行動を規制することが可能となり、人権が保障されるものであることから、国民主権は基本的人権の尊重の目的を達成する手段であるといえる。また平和が確保されていなければ、国民主権を確立させるのは困難である。このように憲法の基本原理は相互が不可分に関係しているものである。

1 国民主権

前文で「国政は、国民の厳粛な信託によるものであつて、その権威は国民に由来し、その権力は国民の代表者がこれを行使し、その福利は国民がこれを享受する」「人類普遍の原理」であるとし、国民主権原理に立つ民主制国家であることが宣言されている。

国民主権は国民自らが政治のあり方を決定し、権力行使の正当性を国民に求めるものである。すべての国家機関は「国民」の権威に裏付けられ、また「国民」の権威に裏付けられた国家機関が権能を行使する。憲法も法律も国民の権威によって制定され、維持される。

(1) 主　　権　主権（国権）は多義的な概念であり、日本国憲法においては国家の**最高決定性、最高独立性、統治権**の意味に用いられている。

最高決定性の意味における主権とは、国の政治のあり方を最終的に決定する力の根拠がどこにあるかを意味するものである。この力が君主にある場合には君主主権、国民にある場合には国民主権という。日本国憲法は、国家的支配の権威である国家の支配権の正当性の根拠は国民とする。前文の「ここに主権が国民に存することを宣言し」、1条「主権の存する日本国民」にいう

主権は、国政についての最高決定性と最終的に国のあり方を決定する権威が国民にあることを示している。

次に主権は国際社会における国家の最高独立性の意味としても用いられている。この意味の主権は、国内の他の諸権力は最高権力に服すべき（対内的最高性）であることと、他国との関係において他の権力に服することのない独立の権力であること（対外的独立性）を表す。これは主権概念本来の意味の用法である。前文で「自国の主権を維持し」とされる主権は、この国家の独立性を意味するものである。

そして主権は国家の支配権そのもの、国家の統治権としての意味にも用いられる。この用法で用いられているものとしては、41 条の国会の地位を「国権の最高機関であつて」とするように、司法・立法・行政を総称し、国家が有する包括的な支配権を指す国家権力そのものの意味である。この統治権は、領土高権として国内にいるすべての人に及び、また対人高権として国外にいる国民に対しても一定範囲で及ぶ。

(2) 国民主権と民主主義　　国民主権では、最終的に国のあり方を決定する権力である統治権の帰属と、その権力行使を正当づける権威が国民にある。このことから、国民が国家の意思決定に参加する方法が確保されていることが当然に要求される。

この要求に応じる国家の意思決定の方法には、国民から選ばれた代表によって行われる**代表民主制（間接民主制）**と、代表者を介することなく国民の直接的な意思表示を行って決定する**直接民主制**がある。

憲法前文では「正当に選挙された国会における代表者を通じて行動」するとし、43 条で「全国民を代表する選挙された議員でこれを組織する」と規定されていることから、**日本国憲法では代表民主制を採用**している。ただし一部において**直接民主制の制度**が取り入れられている。たとえば憲法 79 条の最高裁判所裁判官に対する国民審査、95 条の地方特別法の住民投票による承認、96 条の憲法改正のための国民投票による承認などがこれにあたる。

最高裁判所の裁判官の国民審査とは、最高裁判所の裁判官は任命後初めて行われる衆議院議員総選挙の際と、その後 10 年を経たあと行われる総選挙

で国民の審査に付されるものである。この審査の結果、裁判官の罷免が可と
されたときには、その裁判官は罷免される。この国民審査は、最高裁判所裁
判官の任命を国民の民主的コントロールにおき、内閣の恣意的な任命の危険
を防止するものである。なお、今までに国民審査によって裁判官の罷免が成
立した例はない。

　憲法95条の地方特別法に対する住民投票は、特定の地方公共団体の行政
や住民の権利や義務に影響を与えるため、92条の「地方自治の本旨」から、
あらかじめ住民の意思を問うものとして設けられている。対象となる地方特
別法は国会の可決後に住民投票が行われ、過半数の同意を得た場合、国会の
議決が確定して法律となる。これまで住民投票に付された地方特別法には、
広島市平和記念都市建設法（1949年）や軽井沢国際親善文化都市建設法（1951
年）がある。

　憲法改正は各議院の総議員の3分の2以上の賛成によって発議され、国民
投票の過半数によって承認されたのち、天皇が「国民の名で」公布する。憲
法改正が国会の議決のみで成立せず、国民の承認を必要とするのは、国民主
権と国民意思による民主的正当化の確保の要請によるものである。また天皇
による公布が「国民の名で」行われるのは改正権が国民にあり、その意思に
よることを明らかにするものである。なお憲法改正については、第2部第12
講「憲法保障および憲法改正」で詳述する。

2　平和主義

　前文では、基本原理である平和の実現方法として「平和を愛する諸国民の
公正と信義に信頼して、われらの安全と生存を保持しようと決意した」とし、
平和は国際協力と外交、国際機関による安全保障により実現するものとして
いる。この平和主義を具体化するものとして9条で戦争と戦力の放棄、交戦
権の否認が規定されている。なお憲法前文と平和主義、憲法9条の解釈につ
いては、第2部第5講「国家の安全保障」で詳述する。

3　基本的人権の尊重

　前文で「自由のもたらす恵沢を確保」するとして基本的人権の尊重が宣言
されている。本文中では憲法11条と97条で憲法が保障している基本的人権

は、現在及び将来の国民に対して「侵すことのできない永久の権利」である
ことが宣言されている。

　基本的人権の性質や、日本国憲法で保障される人権については、第2部第
6～8講「人権総論」「自由権」「社会権・国務請求権・参政権・国民の義務」
で詳述する。

天　皇

> 本講のねらい
> ・象徴天皇制とは何か。
> ・憲法上、天皇が行うことができる国事行為とはどのような行為なのか。
> ・皇位継承はどのようなときに行われるのか。
> ・皇室の財産はどのように規定されているか。

第1節　天皇の地位

　日本国憲法は1条で「日本国の象徴であり日本国民統合の象徴」であるとして、天皇を日本国・日本国民統合の**象徴の地位**とする。

　象徴という言葉は平和の象徴が鳩であるというように、抽象的な観念や思想などを表す具体的な事物を指すものである。君主制国家の君主も当然に象徴としての地位にあり、明治憲法でも統治権を総攬する天皇は象徴の地位にあった。しかし日本国憲法での天皇は政治的権力をもたない象徴のみの地位にとどまり、その地位もまた主権者である国民の意思に由来するものとされた。つまり日本国憲法は主権者である国民の総意から天皇制は存置するものの、天皇を統治に関する実質的な権限を与えていない（**象徴天皇制**）。具体的には天皇が行える行為を憲法上に列挙した政治や統治に関連のない行為に限定し、またその行為の実施についての判断も天皇自ら行うことはできず内閣の助言と承認によるものとし、国政に関する権能をもたない象徴としての地位であるとした。

　対して明治憲法4条で「天皇ハ国ノ元首ニシテ統治権ヲ総攬」する地位にあるとされた。明治憲法1条で「大日本帝国ハ万世一系ノ天皇之ヲ統治ス」とされたように、天皇は国家のすべての作用を統括する統治権者であった。

この地位は神の意思によるものとされ、天皇の祖先は神であり、天皇自身も神であるとされていた（明治憲法における天皇の地位と権限については第2部第2講を参照）。

第2節　皇位継承

　天皇の地位である皇位は、憲法2条で**世襲**によるものとされているが、皇位継承の順位や皇位継承となる原因などは皇室典範で規定している。明治憲法下では皇位継承などの皇務に関する皇室典範は、憲法に並ぶ法形式とされる典憲二元論がとられていた。しかし日本国憲法での皇室典範は、国会の議決によって制定される通常の法律と同様であり、憲法の下位にある法律である。

　皇室典範は皇位継承について、天皇の血筋である皇統に属する**男系男子の皇族のみが皇位継承資格を有する**としている（皇室典範1条）。皇位の継承順位は天皇の長男である皇長子を継承順位第1位として、以下皇長孫、その他の皇長子の子孫と続いている（皇室典範2条）。ただし皇統に属していても、女子とその子孫には皇位継承資格はない（皇室典範1条）。この男子のみに限定された皇位継承権は、性別による差別を禁じた憲法14条に反するかが問題となるが、世襲制をとる天皇制そのものが法の下の平等の例外であることから、皇位継承資格の性別による制限についても違憲であるとはいえない。

　皇位が継承される原因について、皇室典範4条では天皇の崩御のみと規定している。このため皇室典範は天皇自らの意思で退位し、天皇の地位を皇太子に譲位することを認めていない。しかし高齢となった天皇が公的活動を行うことが困難となることを懸念していたこと、そしてその懸念に対する国民の理解から、皇室典範4条の特例として今上天皇に限り退位を認めた「天皇の退位等に関する皇室典範特例法」（皇室典範特例法）が2017年に成立した。この法律の施行により2019年4月30日に天皇が退位し、翌5月1日に皇太子が即位した。皇室典範特例法は退位後の天皇の地位、その他の退位に伴って必要となる事項を定め、天皇の退位に伴い皇嗣である皇太子が直ちに即位すること（皇室典範特例法2条）、退位後の天皇の称号を上皇とすること（皇室典

範特例法3条）とした。

第3節　天皇の権能

　明治憲法下で天皇が統治権を持ち広範な権力が集中していた点とは対照的に、日本国憲法は天皇の権限を厳格に制限し、統治に関する実質的な権力を天皇に与えていない。

1　国　事　行　為

　日本国憲法で天皇が行うことのできる行為は、憲法で限定的に規定された**国事行為のみ**となっている。

　憲法4条は「天皇は、この憲法の定める国事に関する行為のみを行ひ、国政に関する権能を有しない」とし、天皇が行う国事行為は政治に関係のない形式的・儀礼的行為であるとする。また国事行為の内容は「憲法の定める国事に関する行為のみ」として、**国事行為は憲法に列挙されているものだけに**限定している。具体的な国事行為の内容は6条と7条で列挙され、法律等であらたな国事行為を追加することは許されない。

　国事行為は形式的・儀礼的な行為である国事行為でありながらも、その実施は**内閣の助言と承認**の下に行われる。事前の同意である助言と事後の同意である承認とが個別に必要とする見解もあるが、助言と承認により天皇の国事行為が行われることが要求されると理解されている。このため国事行為の結果について天皇が責任を負うことはなく、助言と承認を行う**内閣が責任を負う**とされる。この責任とは政治的権限の行使に伴う責任であり、内閣が行った国事行為への助言と承認についての責任である。

　憲法4条で天皇が「国政に関する権能を有しない」と規定されていることから、国事行為は政治に関係のない形式的・儀礼的・名目的行為であり国家の意思決定を伴わない実質的権限のない行為である。具体的に国事行為とされている行為として、6条の国会の指名に基づく内閣総理大臣の任命、内閣の指名に基づく最高裁判所長官の任命がある。そして7条で憲法改正、法律、政令および条約の公布（1号）、国会の召集（2号）、衆議院の解散（3号）、国会議員の総選挙の施行の公示（4号）、国務大臣および法律の定めるその他の官

吏の任免と全権委任状および大使および公使の信任状の認証（5号）、大赦、特赦、減刑、刑の執行の免除と復権の認証（6号）、栄典の授与（7号）、批准書および法律の定めるその他の外交文書の認証（8号）、そして外国の大使および公使の接受（9号）と、儀式の実施（10号）が列挙されている。

　これらの国事行為のうち、外国の大使および公使の接受や儀式の実施などは、行為そのものが形式的・儀礼的な事実行為である。

　しかし憲法で列挙されている国事行為には実質的決定を含むものがある。国務大臣や大使・公使の信任状の認証、外交文書の認証、恩赦の認証といった認証は、他の機関の行為として有効に成立している行為に対して行われるものである。しかし6条の内閣総理大臣や最高裁判所長官の任命は、実質的決定を含むかのようにみえるが、内閣総理大臣は国会、そして最高裁判所長官は内閣の指名に基づいて任命する。憲法改正の公布についても、96条で憲法改正は「国会が、これを発議し、国民に提案してその承認を経なければならない」とされ、国民の承認を経たものを公布する。これらの国事行為については実質的決定を行う国家機関が憲法上明らかである。このため国事行為が実質的決定を含む行為であっても、その決定は憲法上他の国家機関が行い確定されることにより、結果として天皇の行為は形式的・儀礼的行為となる。

　国事行為には政治性の高い行為にもかかわらず、実質的決定権限について明記されていないものもある。7条の国会の召集と衆議院の解散がこれに該当する。このうち国会の招集は53条で臨時会の招集を内閣が決定すると規定されているが、常会や特別会の召集も助言と承認を行う内閣が決定を行うと理解されている。

　特に問題となるのは衆議院の解散であり、内閣の助言と承認に実質的決定権が含まれるかが問題となり、学説の対立がある。内閣の助言と承認に実質的決定権が含まれないとする説は、天皇の国事行為が形式的行為であることから内閣の助言と承認も形式的行為に対して行うものとする。このため、69条の衆議院の内閣不信任決議が可決された場合のみ衆議院を解散させることができる（69条説）。対して内閣の助言と承認には実質的決定権を含むものがあるとする説では、天皇の国事行為自体が内閣の助言と承認によって形式的

行為となればよいとする。このため内閣は7条3号に基づいて衆議院を解散することができるとする説（7条説）がある。また権力分立制を採用している憲法の構造から内閣には自由な解散権が認められるとする説（制度説）がある。実務上では7条説に基づいて衆議院の解散が行われている。

2　国事行為の代行

天皇の国事行為の代行について、憲法5条は摂政が国事行為を代行することを認めている。摂政を置く要件は皇室典範で定められ、皇室典範16条では天皇が未成年であるときと「精神若しくは身体の重患又は重大な事故により、国事に関する行為をみずからする」ことができないときとしている。ただし日本国憲法下で摂政が置かれたことはない。また憲法4条2項では臨時代行を認めている。そのため「国事行為の臨時代行に関する法律」（1964年）で、摂政を置くまでに至らない「精神若しくは身体の疾患又は事故があるとき」に内閣の助言と承認により国事行為の臨時代行を認めている。

3　公 的 行 為

憲法上、天皇が行うことができるのは国事行為のみであるが、天皇は公的な立場での行為（公的行為）も行っている。たとえば国会開会式での「おことば」や国賓や公賓等の接遇、国内の巡幸や外国訪問などは公的行為にあたる。このような行為は憲法に列挙された国事行為にあたるものでもないことから、国事行為以外の行為は象徴性を持たないものとする説もある。しかしこれらの行為は国事行為ではないものの、研究などのように私人として行う純粋な私的行為ともいえない行為であり、象徴としての地位に基づく行為である公的行為といえる。そのためこのような公的行為は、国事行為に準じて内閣のコントロールが必要であるとされている。

第4節　皇室の経済

皇室の経済について日本国憲法は、皇室の財産と皇室の経費について規定している。公的な性格を持つ皇室財産は、国に帰属させることにより不当に増大することを防止し、また国民と財産の授受を通じて特別なつながりを防いでいる。また皇室が必要とする経費は国の予算に計上し、国会によるコン

トロール下におくものとしている。

1　皇室の財産

　皇室の財産について88条では「すべて皇室財産は、国に属する」とされる。明治憲法下で議会の統制が及ぶことのなかった天皇や皇族が保有していた皇室財産（山林や土地、有価証券など）は国に属することになった。ただし皇室経済法7条で歴代の天皇が皇位のしるしとして受け継ぐ三種の神器である鏡、剣、璽（じ・勾玉）や、宮中三殿とよばれる天照大神がまつられている賢所、歴代天皇・皇族の御霊がまつられている皇霊殿、国中の神々がまつられる神殿は、皇位とともに伝わるべき由緒ある物として、「皇位とともに、皇嗣が、これを受ける」とされ、皇位とともに継承されるものとした。また皇室の財産について、憲法8条では「皇室に財産を譲り渡し、又は皇室が、財産を譲り受け、若しくは賜与することは、国会の議決に基かなければならない」とする。これは皇室に財産が集中すること、皇室と特定の関係を持つことにより不当な力を持つようになることを防止するものである。賜与と譲受の限度額は、皇室経済法施行法（1947年）2条で天皇・内廷皇族の賜与は年度内で1800万円、譲受については600万円としている。

2　皇室の経費

　天皇や皇族の活動経費である皇室の経費は、88条後段で「すべて皇室の費用は、予算に計上して国会の議決を経なければならない」とされており、**国会の議決によるコントロール**がなされるものとされる。対して明治憲法での皇室の経費は毎年定額が国庫から支出されるものとされ、増額されるとき以外は帝国議会の協賛を必要としていなかった。

　皇室経済法（1947年）3条で予算に計上される皇室の経費として内廷費、皇族費、宮廷費が計上されるとしている。

　内廷費は、皇室経済法4条で「天皇並びに皇后、太皇太后、皇太后、皇太子、皇太子妃、皇太孫、皇太孫妃及び内廷にあるその他の皇族の日常の費用その他内廷諸費に充てる」経費であり、「御手元金」とされる生活費である。この内廷費は「宮内庁の経理に属する公金」とされない。

皇族費は「皇族としての品位保持の資に充てるため」の費用であり、皇族ごとに皇室経済法施行法第8条で定める定額を基礎として算定され、各宮家に毎年支出される。皇族費の額は皇族男子と皇族女子、また成年と未成年で区別がある。さらに皇族費には一時金として支出されるものがあり、これは皇族が初めて独立の生計を営む際に支出されるものと、皇族がその身分を離れる際に支出されるものがある。なお皇族費も内廷費と同様に公金とされず、内廷費と皇族費は所得税の課税対象ではない。

　宮廷費は内廷諸費以外の宮廷諸費であり、儀式や国賓や公賓の接遇などの公的活動に必要な経費や、皇室用財産の管理に必要な経費や皇居等の施設の整備に必要な経費もこれに含まれる。この宮廷費は宮内庁の経理に属する公金である。なお2020年度の予算での皇室の経費は、内廷費が3億2400万円、皇族費の総額が2億6932万円、宮廷費が109億8007万円となっている。

コラム　皇位継承に関する最高裁判決

　天皇の皇位継承に伴う一連の儀式には、皇室経済法７条の「皇位とともに伝わるべき由緒ある物」である剣および璽と国事行為の際に使用される国璽および御璽を承継する剣璽等承継の儀、即位を公に宣明し、その即位を内外の代表が祝う即位礼正殿の儀などがある。即位後、初めて行う新嘗祭（にいなめさい）は大嘗祭といい、一代一度の行事である。これは大嘗宮（だいじょうきゅう）の悠紀殿（ゆきでん）と主基殿（すきでん）で、天皇が新穀を皇祖および天神地祇（てんしんちぎ）に供え、また自らも食して国家・国民のためにその安寧と五穀豊穣などを感謝し、祈念する儀式である。

　これらの皇位継承に伴う儀式への費用の公的支出や総理大臣等の列席などが、「政教分離」原則に抵触するか問題となった最高裁判決は３例ある。そのひとつである鹿児島大嘗祭違憲訴訟（最判平成 14・7・11 民集 56 巻 6 号 1204 頁）は、大嘗祭に参列した鹿児島県知事への旅費の公費支出が違憲であるとして争われた。最高裁は大嘗祭への参列を宗教とかかわりを持つとしながら、皇室の重要な伝統儀式であること、三権の長や国務大臣、各地方公共団体の代表と同じ儀式に参列したことを指摘した。知事の参列の目的は、公職にある社会的儀礼として天皇の即位に祝意を表するとし、その効果は特定の宗教に対する援助、助長、促進または圧迫、干渉等になるようなものではないとして、憲法上の政教分離原則に違反するものでないとし、目的効果基準（第２部第７講参照）を用いて上告を棄却している。

　この判決に対しては、皇位継承の祝意を表す社会儀礼として国の行事である即位の礼があることから、私的な宗教的儀式である大嘗祭への参列は憲法上禁止されているとする批判もある。また重要な伝統的皇位継承儀式であることから大嘗祭に公的性格を認め、公費を支出することに対しても違憲であるとの批判もある。

第5講

国家の安全保障

本講のねらい
・憲法前文における平和主義と平和的生存権について理解する。
・憲法9条の重要な文言の解釈を理解する。
・9条と自衛隊をめぐる政府解釈を理解する。
・集団的自衛権をめぐる政府解釈を理解する。

第1節　憲法前文と平和主義

1　憲法前文と平和主義

　日本国憲法は、その**三大基本原理**として**国民主権・平和主義・基本的人権の尊重**、を掲げている。それらの基本原理は憲法前文において示されており、平和主義についても言及されている。憲法の前文とはその憲法の目的や制定に至る経緯、基本原理などを表明する部分であり、その名の通り、憲法の本文の前に置かれている。あくまでも憲法の一部であることから、法規範としての意味が認められている。もっとも、法規範であるとはいえ裁判規範性も有するか否かについては議論がある。一般的な見解は、前文は抽象性が高いとして裁判規範性を否定し、あくまでも個別の条文の解釈の基準になるものと解している（判例も裁判規範性を否定している）。そこでは、実際の訴訟は本文にある個別の条文に基づいてなされるべきであるとされる。憲法9条の法的性格をめぐっても政治的マニフェストであるとして法規範性と裁判規範性を否定する見解や、高度に政治的な内容であることから裁判所の判断には馴染みにくいとして裁判規範性を否定する見解もみられるが、法規範性と裁判規範性の双方を認める見解が一般的である。

2　平和的生存権

　憲法前文における平和主義への言及の中でも、重要なのが**平和的生存権**である。平和的生存権とは「平和のうちに生存する権利」のことである。前文で示されたこの文言は、かつては平和主義の表明であると解されていたが、今日の通説的見解は国民の権利を定めたものであると解している。一方、それが具体的な権利を定めたものであるのか理念的な権利であるのかについては議論がある。具体的権利とは裁判規範性を備えたものであるが、平和的生存権は内容が抽象的であることや、そもそも前文には裁判規範性がないとされることなどから、具体的権利性を否定する見解が多数である。他方では具体的権利性を認める見解も有力に主張されており、そこでは前文以外の条文にも根拠を求める見解が示されている。下級審判決の中には具体的権利性を肯定するものもみられるが（近年の例として、名古屋高判平成 20・4・17 判例集未登載）、最高裁判所は具体的権利性を否定している。

第2節　戦争放棄 (9条) の解釈

　9条の解釈をめぐっては検討すべき点が多くあり、非常に複雑な様相を呈している。以下では「戦争放棄」の意味、「戦力」の意味と政府解釈、自衛隊をめぐる政府見解と集団的自衛権、そして「交戦権」の意味、についてそれぞれみていきたい。

1　戦争放棄の意味

　憲法9条1項は、**戦争放棄**について規定している。具体的な説明に入る前に、そこで使用されている「国権の発動たる戦争」と「武力の行使」という用語について簡単に整理したい。まず「国権の発動たる戦争」とは、宣戦布告ないし最後通牒による意思表示を経て、戦時国際法が適用されるものを指すとされている（**形式的意味の戦争**と呼ばれる）。一方の「武力行使」は宣戦布告などを経ることなく行われるものを指す（**実質的意味の戦争**と呼ばれる）。このように、特定の形式を備えているかいないかにとどまらず、幅広く武力行使一般を禁じているのである。

　では、憲法9条1項の戦争放棄とは、より具体的にはどのような意味なの

であろうか。まず、9条1項があらゆる戦争を放棄していると考えるのが**1項全面放棄説**という見解である。**自衛戦争**も**侵略戦争**も関係なく、戦争であればすべて放棄している、と考える見解である。根拠としては、自衛戦争と侵略戦争の区別がそもそも明確ではないことや歴史的にも自衛戦争の名の下で侵略が行われてきたこと、自衛戦争が可能ならば憲法は軍や戦争についての規定を置いているはずであるのにそのような規定がないこと、そしてどのような戦争であっても個人の生命や生活を奪うものであって認められないこと、といった諸点が挙げられている。

　一方、すべての戦争を放棄しているのではなく、9条1項は侵略戦争のみを放棄していると考える見解もある。言い換えると、自衛戦争のような侵略戦争ではない戦争は禁止されていない、という見解である。ここでキーになるのが「国際紛争を解決する手段としては」という文言の意味である。この**国際紛争解決手段**というフレーズは、1928年の**不戦条約**（戦争を違法であるとした国際法）を始め、国際法上は「侵略」を意味している。また、マッカーサー・ノートでも同様の用語が、自衛戦争とは区別される形で使用されている。このような用法に従い、9条が禁止している戦争は侵略戦争に限られるとするのである。

　もっとも、1項が自衛戦争を認める趣旨であると理解しても、そこで話が終わるものではない。2項とのつながりをどのように解するかによって、最終的な結論はまた分岐するのである。通説的な見解は、1項は侵略戦争のみを放棄したと捉えるが、2項が戦力の保持や交戦権を否定していることから、結果的にあらゆる戦争が放棄されていると解している。つまり、1項では自衛戦争は認められているが、その手段を2項が放棄していることから、結果的に自衛戦争を含むあらゆる戦争が放棄されることとなる、という考えである。

　一方、2項とのつながりを認めた上で、自衛戦争は可能であるとする見解もある。ここでは、いわゆる**芦田修正**と呼ばれる、2項冒頭の「前項の目的を達するため」という文言の意味が問題となる。「前項の目的を達するため」という語に意味を持たせると、1項と2項が繋がることになる。つまり、1項

が目的で 2 項はそのための手段、という関係となる。そうすると「1 項の目的」をどう解するかが問題となる。そこで 1 項の目的を「侵略戦争の放棄」と解すると、2 項が否定するのは侵略戦争のための武力の保持や交戦権であると解されることになるのである。このことの裏を返せば、自衛戦争のためであれば戦力の保持や交戦権が認められるとなるのである。

　このように 9 条が禁止している戦争は侵略戦争のみであるのか、それとも自衛戦争も禁止しているのかという問題については、1 項と 2 項のつながりを含め、見解にバリエーションがみられる。いわゆる芦田修正によって自衛戦争を合憲とする見解を紹介したが、政府はまた異なった論理で自衛戦争を合憲と解している。その点については後により詳細に扱いたい。

2 「戦力」の意味と政府解釈

　憲法 9 条の文言と自衛隊の合憲性について、違和感を覚える人も多いと思われる。政府は自衛隊を合憲であると解釈しているが、条文からはいまいち想像しにくいのではないだろうか。政府の自衛隊の合憲性をめぐる解釈は、自衛隊が 9 条 2 項の禁止する**戦力**にあたるかどうかを中心に推移してきた。通説的な見解は「戦力」の意味について、陸海空軍やそれに相当する、外部の敵からの攻撃に対して実力で抵抗し、国土を防衛することを目的とする人的・物的手段の組織体、と解している。では、政府はどのように解してきたのだろうか。ここでは、その解釈の流れを追いつつ、「戦力」の意味と自衛隊の合憲性をめぐる政府解釈についてみていきたい。

　終戦直後、日本軍は解体され、日本は文字通り武装解除されていた。9 条が戦力放棄を定め、現実にも武装解除されていたため、9 条と現実の「矛盾」はなかったといえる。現憲法の制定過程で 9 条がどのような意味で考えられていたのかについては様々な議論があるが、当時の議会では自衛戦争も禁止されているとの政府答弁もなされていた。

　しかし、そのような状況は朝鮮戦争を境に変化した。朝鮮戦争が始まると日本にいた米軍が出動し、日本の防衛に空白が生じることとなった。そこでマッカーサーの指示により、警察予備隊令に基づいて 7 万 5000 人規模の**警察予備隊**が創設された。しかし、ここで問題になったのが警察予備隊が憲法の

禁止する「戦力」にあたるか否かという点である。この点について当時の政府は、警察予備隊は「警察を補うもの」であり憲法が禁止している戦力ではない、との解釈を示した。

　その後1952年に「保安庁法」が制定され、警察予備隊は**保安隊・警備隊**へと改組・拡充された。ここで、警察予備隊よりも強化された保安隊・警備隊が「戦力」にあたるか否かがあらためて問題となった。ここで政府はまず、憲法は侵略・自衛のどちらの目的であっても「戦力」を持つことを禁止していると捉えた。そして憲法の禁止する戦力を「近代戦争遂行に役立つ程度の装備、編成を備えるもの」と解釈し、保安隊・警備隊は警察予備隊に比べ大幅に強化されてはいるものの、近代戦争に役立つほどの力を備えるものではなく、警察の延長線上にある組織である、として「戦力」ではないと説明した。

　その後1954年に締結された日米相互防衛協定を受け、保安隊・警備隊は自衛隊へと発展改組された。こうして「自衛隊法」が制定され、陸・海・空からなる**自衛隊**が創設された。自衛隊法は保安庁法や警察予備隊令とは異なり、初めて侵略からの国土防衛を正面からその任務として掲げていた。

　ここでまた、自衛隊が憲法の禁止する「戦力」にあたるか否かが問われることとなった。政府はまず、日本は憲法上、**自衛権**（外国からの急迫もしくは現実の違法な侵害に対し、国を守るために必要な一定の実力行使をする権利）を有しているとした上で、自衛のための必要最小限度の実力は憲法が禁止している「戦力」ではない、と捉えたのである。自衛権はその定義からも明らかなように、武力によって侵略から国を守る権利である。自衛権があるということは、言い換えると、自衛のためなら武力を使う権利がある、ということになる。そうである以上、自衛のための武力を持つことも禁止されてはいない、という論理である。もっとも、憲法は「戦力」を持つことを禁止していることから、どこかで線引きが必要となる。そこで政府は「自衛のための必要最小限を超える実力＝憲法の禁止する戦力」として、自衛隊はその「最小限」を超えるものではないから憲法違反ではない、としたのである。一般には「戦力」という言葉は「武力」と同義に使用されることもあるが、ここではそれらの用

語の意味が分けられていることに注意が必要である。あくまでも「戦力」というのは武力のうちでも特に憲法が禁止しているものを指すものとされ、狭く解釈されているのである。

このような自衛隊を合憲とする解釈は、現在も受け継がれている。以下では、政府の解釈についてより具体的にみていきたい。

3　自衛隊をめぐる政府見解と集団的自衛権

ここからは、自衛隊をめぐる政府解釈についてより詳しくみた上で、集団的自衛権にも言及したい。

政府解釈はまず、日本も自衛権を持っているという点から出発する。しかし、自衛権という言葉は憲法のどこにも記されていない。そのように憲法に「載っていない」権利である自衛権を認める根拠として、憲法前文における平和的生存権や憲法13条が挙げられている。すなわち、前文は「平和のうちに生存する権利」を定め、また13条は「生命、自由及び幸福追求に対する国民の権利については、公共の福祉に反しない限り、立法その他の国政の上で、最大の尊重を必要とする」と定めるが、国民のそれらの権利が外国からの侵略によって脅かされた場合には、それらの権利を守るためのやむを得ない措置として、必要最小限度の武力の行使が許されるというものである。もっとも、だからといって無制限ではない。憲法9条の制限により、所持することが認められるのはその目的を達成するための**必要最小限度の実力**に限定されるのである。このことから「必要最小限度の実力」であれば憲法の禁止する「戦力」には当たらない、と解するのである。この見解からは、必要最小限度の範囲内であれば実力を持つことが認められることとなるが、「必要最小限度」がどの程度のものであるのかは、相対的なものであるという点に注意が必要である。また、この理論からは、「必要最小限」に入るのであれば核兵器も持てることになるが、政府も条件付きではあるがそのように解釈している。

以上でみてきた政府の解釈はいわゆる個別的自衛権を前提としており、従来の政府見解は**集団的自衛権**の行使は憲法に反すると解していた。しかし2014年7月1日の閣議決定により解釈を変更し、集団的自衛権の行使も憲法に反しないとの解釈が採られるようになった。以下では、集団的自衛権をめ

ぐる政府の解釈についてみていきたい。

解釈変更以前の政府解釈は、平和と安全を維持し、存立を全うするためにどうしても必要な場合、必要な最小限度の武力を行使することが認められるとしていた。この点については、政府の新しい解釈においても違いはない。その意味で、解釈の根幹を変更してはいないとするのである。もっとも、従来の解釈では日本の安全や平和、存立を守るためには**個別的自衛権**で対応できるとされていた。しかし、この点について新しい解釈は異なった見解を示す。すなわち、近年では安全保障をめぐる情勢が様変わりし、日本が直接武力攻撃を受けた場合だけでなく、密接な関係にある国への攻撃によって日本の存立が脅かされることや、国民の根本的な権利が侵害される明白な危険がある場合も存在する、と指摘する。そしてそのような場合には、これまでの政府見解の論理に基づく自衛のための措置として、必要最小限度の実力行使は憲法上認められると解釈し、そこに集団的自衛権も含まれるとするのである。

ポイントを整理すると、①基本的な論理は変えずに「必要最小限」というラインは守る、②従来は「必要最小限＝個別的自衛権」とされていた、③今日では状況が大きく変化し「必要最小限＝個別的自衛権＋集団的自衛権（の一部）」となった、というものである。このように、従来の政府見解との整合性を強調しつつ、状況の変化を受けて集団的自衛権にも途を開いたという解釈である。

4　交戦権の否認

本講の最後に**交戦権**の意味についてみていきたい。交戦権の意味をめぐっては概ね2つの見解がみられる。まず挙げられるのが、文字通りに、交戦する権利として把握する見解である。この見解をとると、1項の解釈にかかわらず、あらゆる戦争が禁止されることになる。

一方、通説的見解は、国際法上の用語の使い方から、戦時国際法によって交戦国に認められている権利であると捉えている。すなわち、国際法が戦争状態にある国に認めている船舶の臨検・拿捕権や占領地の行政権、などの諸権利を認めていないと解するのである。この見解を採ると、国際法上の権利

という面で制約を受けるものの、交戦すること自体は可能となる。なお、このような国際法の捉え方に対しては批判もなされている。

コラム　集団的自衛権と集団安全保障

　集団的自衛権の仕組みは複数の国で同盟を組み、そのいずれかの国が攻撃された場合には同盟を組む国々すべてで対応する、というものである。侵略国は一度に複数の国を相手にしなくてはならなくなることから侵略が抑止されるという仕組みである。侵略を間接的に抑止するものといえるが、自国が攻撃されていなくとも武力を行使するという意味で、個別的自衛権とは性質が異なっている。では、なぜ「自衛権」とされるのだろうか。

　国連は集団安全保障体制を採っている。それは加盟国に武力行使を禁止した上で、不当に破った国がいた場合、他の国々が制裁するという仕組みである。違法な武力行使（侵略）をした国は国連加盟国全体を敵に回すことになることから、侵略をする国がなくなるという制度設計である。しかし国連憲章の制定過程で、5大国（米・ソ・中・英・仏）の拒否権の制度が議論された。これらのどれか1国でも拒否権を発動すると、国連としての武力制裁ができなくなる。この制度によって集団安全保障体制が機能しなくなることを危惧した米州諸国が、集団的自衛権を認めないのならば国連に入らないと反発したことから、国連憲章51条に集団的自衛権が盛り込まれたのである。同条では集団的自衛権も「固有の権利」とされ、自衛権という国家に固有の、正当な権利とされているのである。

第6講

人 権 総 論

本講のねらい
・人権の観念と分類を学び、人権を学ぶ上での素養を身に付ける。
・基本的人権は誰に保障されているのか。またその適用範囲や限界について理解する。
・幸福追求権や法の下の平等など人権の基礎となる権利・原則について理解する。

第1節　人権とは何か

1　人権の歴史

　日本国憲法の三大原則には、国民主権、平和主義と並んで、基本的人権の尊重が挙げられている。では、この**基本的人権**はどのように認められるようになったのか、その歴史的経緯を概観する。

　近代における人権思想は、イギリスの権利請願や権利章典を皮切りに、アメリカやフランスへ広がりをみせた。中でも、ジョン・ロックの自然権思想の影響を受けたアメリカのヴァージニア権利章典やフランスの人権宣言では、人は生まれながらにして天賦の人権が与えられていることが宣言された。しかし、これらの自然権思想に基づく人権宣言は、君主主権のヨーロッパの国々では全面的に受け入れられず、国民の権利として保障されるにすぎなかった。そして、議会主導の統治となっても、それは法律による権利の保障という考えを基礎とした外見的人権であるといわれた。しかし、第二次世界大戦におけるファシズムやナチズムの経験から、自然権思想に基づく人権思想が見直され、現在では人間の尊厳に基づく自然権的な権利として人権が保障されていると解するのが一般的となっている。

2　人権の観念

　日本国憲法における人権の観念は、明治憲法において法律の留保の範囲内で認められていた人権のような外見的人権宣言と異なり、上記でみた自然権思想を基礎とした権利として保障しているものと解される。憲法 11 条において「現在及び将来の国民に与へられる」と規定されているのも、人権が君主や憲法によって与えられているものではなく、人間であることにより当然に享受するものとして認められていることを意味する（**固有性**）。また、憲法11 条に「国民は、すべての基本的人権の享有を妨げられない」とあるのは、すべての国民が人種・性・身分などの区別に関係なく、すべての人権を享有し得るということを意味する（**普遍性**）。憲法 11 条および 97 条で人権を「侵すことのできない永久の権利」と定めているのも、人権が国家権力によって侵されないということを意味している（**不可侵性**）。しかし、人権に不可侵性が認められるからといって、人権が無制限に認められるわけではなく、フランス人権宣言 4 条が「自由とは、他人を害しないすべてのことをなしうることにある」としているように、一定の限界が存する。

3　人権の分類

　日本国憲法における人権は、大きく①包括的人権（憲法 13 条）、②法の下の平等、③自由権、④社会権、⑤国務請求権、⑥参政権に分類することができる。憲法 13 条は憲法の保障する人権の総則的規定であり、同条の「生命、自由及び幸福追求に対する国民の権利」は包括的な人権としての性格を有する。包括的人権と同様に憲法が保障する人権の基礎にある原則が法の下の平等である。自由権とは、「国家からの自由」ともいわれ、国家からの干渉を排除して個人の自由な意思決定と活動を保障する人権である。自由権は、その内容により精神的自由権、経済的自由権、人身の自由に分類される。社会権とは、資本主義の高度化に伴う弊害から社会的・経済的弱者を保護するよう国家に求める権利である。これは国家による市民社会への一定の介入を求める点で、「国家による自由」といわれる。国務請求権とは、人権を確保するための権利ともいわれ、国家による行為を請求する権利であるが、社会国家理念を基礎に置く社会権とは区別される。国務請求権には、請願権、国家賠償請求権、

刑事補償請求権、裁判を受ける権利がこれに属するとされる。参政権とは、国民の国政に参加する権利である。

　憲法の保障する人権規定の中には、個々の国民の人権保障というより、一定の制度を保障する規定もあり、これを**制度的保障**という。制度的保障の例としては、憲法20条で信教の自由とともに政教分離が保障されており、憲法23条では学問の自由から大学の自治が導き出されている。制度的保障の内容は、法律によって具体化されるが、その制度の核心部分を法律によって侵害するようなことがあれば憲法違反となる。

第2節　人権享有主体性

　人権の固有性や普遍性に鑑みれば、人権というものはすべての者に保障されるべきである。しかし、以下で述べるように、人権の主体如何によっては一定の制約が存する。

1　天　　皇

　天皇も日本国籍を有する国民であり、当然人権を享有する主体となり得る。しかし、天皇は、その地位の特殊性に鑑みて、一定の人権制約に服する。たとえば、憲法4条1項では、天皇の政治的行為を禁止しているので、自ずと選挙権や被選挙権などの参政権に制約を受ける。さらに、皇室典範10条では、「立后及び皇族男子の婚姻は、皇室会議の議を経ることを要する」とし、婚姻の自由にも制約がある。

　なお、生前退位や女系天皇については、憲法2条（「皇位は、世襲のものであって、国会の議決した皇室典範の定めるところにより、これを継承する」）の文言上、皇室典範にゆだねられており、憲法上禁止はされていない。

2　外　国　人

　外国人とは、一般に日本国籍を有しない者を指すと理解されている。憲法11条前段では「国民は、すべての基本的人権の享有を妨げられない」と定められているが、憲法上の人権が保障されるのは日本国民に限定されるのであろうか。人権が誰にでも認められるとする人権の普遍的性格に照らせば、日本国籍でないとの理由のみでこれを認めないというのは問題となる。そこで、

どのような人権が外国人にも認められるのかを考察する必要がある。

文言説によれば、人権規定のうち「何人も」という文言が用いられている条文は外国人にも適用されるが、「国民」という文言が用いられている条文は、日本国民にだけその権利が保障されるとする。しかし、この説に立ち、実際に条文をみてみると矛盾が生じている。憲法22条2項では、その主体を「何人も」と規定しているが、国籍離脱は日本国籍を有する者を名宛人として想定しており、適切ではない。これに対して、**権利性質説**とは、権利の性質によって外国人に適用されるものと、そうでないものを区別し、個々の権利の性質に即した判断を試みようとする説である。

外国人にも政治活動の自由が認められるかが問題となった**マクリーン事件**（最大判昭和53・10・4民集32巻7号1223頁）では、「憲法第3章の諸規定による基本的人権の保障は、権利の性質上日本国民のみをその対象としていると解されるものを除き、わが国に在留する外国人に対しても等しく及ぶ」として、権利性質説がとられた。

3 法　　人

法人とは、法律によって権利・義務の主体となり得ることを認められた団体のことをいう。なお、法人に対して、人間のことを一般に自然人と呼称する。法人に人権が認められるかに関して、最高裁は、憲法第3章に定める国民の権利・義務の各条項は、「性質上可能なかぎり、内国の法人にも適用されるものと解すべきである」として、法人にも人権享有主体性を認めている（**八幡製鉄献金事件**、最大判昭和45・6・24民集24巻6号625頁）。しかし、「性質上可能な限り」と限定を付していることからも、法人と自然人との間の性質の差異を勘案し、いかなる人権がどの程度保障されるかを考慮する必要がある。

第3節　人権の限界

1 公共の福祉

憲法で保障される基本的人権は「侵すことのできない永久の権利」（憲法11条）とされているが、これは基本的人権が絶対無制約なものであることを意味しない。初期の最高裁判例（チャタレイ事件、最大判昭和32・3・13刑集11巻3

号997頁）では、憲法12条・13条に定められている「公共の福祉」の具体的内容を明らかにしないまま、公共の福祉を根拠に人権制約を認めてきた。

2　利益衡量論と二重の基準論

　しかし、公共の福祉という文言があまりに抽象的であり、その内容が明確でなければ人権は無制約に侵害されてしまう。そのような批判から、最高裁は、人権制限によって得られる利益と失われる利益を衡量する**利益衡量論**という判断手法を用いた。しかし、利益衡量論は、個人の利益と社会の利益が衡量される場合に社会の利益が優先されてしまうおそれがある。

　このような問題に対して、学説を中心にアメリカ合衆国最高裁の審査基準を導入する動きがみられた。人権の中でも表現の自由を中心とする精神的自由と経済的自由の間に価値の優劣を認め、後者を規制する立法に比して前者を規制する立法の合憲性審査は厳格になされるとする二重の基準論が説かれた。基準の定立は裁判所の判断の客観化に資するが、その判断が硬直化するおそれから、精神的自由権への厳格審査の論拠として二重の基準論が採用された例は少ない。

第4節　人権の適用範囲

1　私人間効力

　憲法は公法に属するため、基本的に公権力と国民を規律する法である。そのため、憲法上の人権保障も原則として、国家または地方公共団体と国民の関係で問題となる。しかし、近年ではこれらの政治権力と類する私的団体が個人に対して人権を侵害する事例が少なくない。そこで、憲法上の人権が強力な私的団体との関係でも主張できるのかが問題となる。

　学説は概ね3つに分かれており、憲法上の人権保障が私人間にも直接適用されるとする**直接適用説**、憲法上の人権保障は私人間には適用されないとする**無適用説**、民法1条や90条のような一般規定を媒介として、憲法上の権利の保障が私人間にも適用できるとする**間接適用説**がある。

　大学在学中に学生運動へ参加していた事実に関して虚偽の申告をした者が、試用期間後の本採用を拒絶された**三菱樹脂事件**（最大判昭和48・12・12民集27

巻11号1536頁）では、憲法の規定は「もつぱら国または公共団体と個人との関係を規律するものであり、私人相互の関係を直接規律することを予定するものではない」とした上で、私的支配関係においても、社会的に許容しうる態様・程度を超える基本的人権の侵害がなされた場合には、「私的自治に対する一般的制限規定である民法1条、90条や不法行為に関する諸規定等の適切な運用によつて、一面で私的自治の原則を尊重しながら、他面で社会的許容性の限度を超える侵害に対し基本的な自由や平等の利益を保護し、その間の適切な調整を図る方途も存する」として、間接適用説を採用したものと理解されている。

2 特別な法律関係

(1) 公　務　員　　憲法15条2項では、公務員が一部の国民のための奉仕者ではなく、国民全体の奉仕者であるとされ、政党政治下における行政の政治的中立性が理念として掲げられている。人事院規則で定める政治的行為をしてはならないと定める国家公務員法102条の合憲性が問題となった**猿払事件**（最大判昭和49・11・6刑集28巻9号393頁）では、公務員の政治活動の禁止は合理的で必要やむを得ない限度にとどまる限り憲法21条に反しないとされた。具体的には、禁止の目的が正当であり、目的と禁止される行為の間に合理的関連性があり、禁止により得られる利益と失われる利益を比較した場合に、禁止により得られる利益の方が重要であるとする審査基準を定立した。その上で、行政の中立的運営とこれに対する国民の信頼の確保という立法目的は正当であり、そのために公務員の政治的活動を禁止することも目的との間に合理的関連性が認められ、禁止によって失われる利益は単に行動の禁止に伴う限度での間接的、付随的な制約にすぎず、禁止によって得られる国民全体の共同利益の方が重要であるとした。また、公務員の労働三権については、第2部第8講第1節3労働権の箇所を参照。

(2) 在　監　者　　在監者（受刑者や未決拘留者）に対しては、刑事訴訟法や刑事収容施設及び被収容者の処遇に関する法律で人身の自由をはじめとする多くの自由が制限されている。しかし、その制限も刑の目的や施設内の規律および秩序維持の実現のために必要な限度でのみ許容される。

第5節　包括的人権

　憲法13条前段では、「すべて国民は、個人として尊重される」とし、人権規定の総則規定と理解されている。また、憲法14条の法の下の平等も憲法が保障する個別の人権の基礎をなすと解されている。

1　幸福追求権

　現在の日本国憲法は1947年に施行されて以降、一度も改正されておらず、憲法を起草した当時では想定し得なかった社会問題が現在では数多く噴出している。そのため、そのような社会問題に対応する憲法上の規定が求められる。憲法13条にある「幸福追求に対する国民の権利」は、他の人権規定よりも抽象的であり、同条が人権の総則規定であることから、いわゆる**幸福追求権**として新しい人権の根拠規定となっている。

　しかし、いかなる権利に新しい人権として具体的な権利性を認めるかが問題となる。まず、公共の福祉に反しない限り、人間の一般的な行為のすべてを新しい人権として認める**一般的行為自由説**がある。しかし、この説には人権のインフレ化を引き起こし、憲法上保護されている人権の価値が希薄化してしまうという問題がある。これに対して、人間の人格的生存に必要な限りでのみ新しい人権が認められるとする**人格的利益説**がある。

　モデル小説の出版によりプライバシー権が侵害されたと争われた**宴のあと事件**（東京地判昭和39・9・28下民集15巻9号2317頁）では、「いわゆるプライバシー権は私生活をみだりに公開されないという法的保障ないし権利として理解される」として、**プライバシー権**についてその権利性が認められている。なお、プライバシー権について、初期は「ひとりで放っておいてもらう権利」や「私生活をみだりに公開されない権利」と消極的権利の側面から定義づけられていたが、情報化社会が発展する中で「自己情報コントロール権」として能動的権利の側面も強調されるようになった。

2　法の下の平等

　憲法14条1項では、法の下の平等が謳われているが、その平等の意味については一義的ではない。平等とは、一般にすべての人を等しく取り扱うとい

う意味である。これを**形式的平等**（機会の平等）という。しかし、形式的平等をつらぬくとかえって不平等な結果を招くことがある。すなわち、個々人の間には当然に能力や生活状況の差異があり、すべての者を等しく扱うと、結果として個々人の間の差異は埋まらず、平等という結果を得ることができない。そこで、個々人の能力や生活状況に応じて合理的な範囲内で取り扱いを変えることで結果として平等な状態を目指す必要がある。これを**実質的平等**（結果の平等）という。しかし、実質的平等は国家による異なる取り扱いを是認するため、不利な取り扱いを受けた者からすれば差別をされているように感じられる。そのため、各人の能力によってその取り扱いに差異を設ける場合には、合理的な理由が求められる。よって、憲法14条は不合理な差別は許されないが、合理的な区別は許容すると解されている。

　憲法14条1項では「人種、信条、性別、社会的身分又は門地」が差別事由として挙げられているが、それ以外の事由、たとえば民族や年齢による差別も認められない。また、同条の「法の下に」という文言は、法の適用、すなわち公務員が法を適用して業務を遂行する際に差別をしてはいけないということはもちろん、立法者も法の制定に際してその内容が平等であることが求められる。法の適用のみが平等であればいいという考えを、**立法者非拘束説**といい、法の制定に際しても平等が求められる考えを**立法者拘束説**という。

　法定刑を死刑および無期懲役に限っていた刑法200条の尊属殺規定が刑法199条の普通殺人の法定刑との間に差異を設けている点につき憲法14条1項に反すると争われた**尊属殺重罰規定判決**（最大判昭和48・4・4刑集27巻3号265頁）では、尊属殺は一般に高度の社会的・道義的非難を受けて然るべきであり、「刑の加重要件とする規定を設けても、かかる差別的取扱いをもつてただちに合理的な根拠を欠くものと断ずることはでき」ないとして刑法199条と200条の間の区別は不合理であるとはいえないとした。しかし、本判決では区別を設けること自体は違憲でないとしながらも、加重の程度が極端であって、立法目的達成の手段として甚だしく均衡を欠く場合には、不合理な差別になるとして、刑法200条の法定刑が199条の法定刑と比べて著しく不合理な差別的取り扱いをするものと認め、違憲であると判断された。

第7講

自　由　権

本講のねらい
・本講では、「国家からの自由」といわれる自由権を取り扱う。
・自由権に分類される人権の保障している内容を理解するとともに、代表的な判決を確認する。

第1節　精神的自由権

1　思想・良心の自由

　思想・良心の自由とは、信教の自由や表現の自由などの根幹をなす基本的な権利である。すなわち、人間は心の中で信じているものに祈りを捧げたり、頭の中で考えているものを表現したりしている。

　一般に人権というものは無制限に保障されているわけではないが、思想・良心の自由は、内心にとどまる限りでは、絶対的保障が及ぶ。しかし、それが外の世界と触れ合ってしまうと一定の制限を受ける。これは思想それ自身を制限しているのではなく、その行為を規制していると解される。

2　信教の自由と政教分離

　国家と宗教の結びつきは、歴史的にみるとさほど珍しいものではなかった。しかし、国家が特定の宗教と結びつくことにより、それ以外の宗教の排斥・弾圧が繰り返されてきた。日本においても、明治憲法28条で一定の範囲で信教の自由が保障されていたにもかかわらず、政府は「神社は宗教にあらず」という説明の下、神道が事実上の国教とされ、神社への参拝が義務付けられた。そのため、憲法20条では、個人の**信教の自由**とともに、国家と宗教の分離を求める**政教分離原則**が規定されている。

　信教の自由には、信仰の自由、信仰告白の自由、宗教的行為の自由、宗教

上の結社の自由が含まれると解される。信仰の自由とは、特定の宗教を信仰する（あるいは信仰しない）自由、および信仰している宗教を変更する自由を意味する。信仰告白の自由とは、個人の信仰を強制的に開示することを禁止している。宗教的行為の自由とは、信仰に基づいた礼拝や祈禱などの宗教上の儀式、行事等を行う自由とともに、そのような宗教的儀式および行事等への参加を強制されない自由を含む。宗教上の結社の自由とは、宗教的団体の結成・参加・脱退の自由を意味する。

　憲法20条3項では実体面からの政教分離を規定し、憲法89条では財政面からの政教分離を規定している。日本の文化の中には宗教に起源をもつものが少なくなく、国家と宗教の繋がりを完全に分離することは困難である。そこで、国家と宗教の繋がりの強弱によって、政教分離違反になるかを判定する基準が必要となる。最高裁は、**津地鎮祭事件**（最大判昭和52・7・13民集31巻4号533頁）や**愛媛玉串料事件**（最大判平成9・4・2民集51巻4号1673頁）において、目的が宗教的なものであって、その効果が特定の宗教を援助、助長、促進または他の宗教に圧迫、干渉を加えるものであってはならないとする**目的・効果基準**を採用した。

3　表現の自由

　表現の自由とは、自身の精神活動の賜物を外部へ表明する自由である。表現内容が保障されるとともに、表現方法についても筆記、口頭に限られず、音楽や映像などあらゆる表現手段を用いることも自由である。

　表現の自由は、他者とコミュニケーションを取ることによって個人の人格的成長を促す個人的価値（**自己実現の価値**）と、政治的言論が民主政に資するという社会的価値（**自己統治の価値**）によって、その保障の意義が説明される。自己実現の価値は表現の自由以外の精神的自由権にも認められるが、自己統治の価値は表現の自由がその中心的役割を担っている。そのため、表現の自由は他の自由権と比べて優越的地位にあると解される。また、これらの価値の他に、表現の自由には真理への到達手段としての価値もある。すなわち、個人が自由に表現を行い、表現の受け手も自由にこれを選択することで、自由な競争の中から真理が導かれるというものである。これはアメリカ合衆国

最高裁判所のオリヴァー・ヴェンデル・ホームズ裁判官が唱えた**思想の自由市場論**に起因する。

　表現の自由はその規制態様により合憲性審査の厳格度が分類される。まず、憲法21条2項で禁止される検閲は絶対的に禁止される。ここでいう検閲とは、「行政権が主体となつて、思想内容等の表現物を対象とし、その全部又は一部の発表の禁止を目的として、対象とされる一定の表現物につき網羅的一般的に、発表前にその内容を審査した上、不適当と認めるものの発表を禁止すること」と定義される（**税関検査事件**、最大判昭和59・12・12民集38巻12号1308頁）。しかし、この定義では検閲の主体が行政権に限られているため、行政権以外の国家権力、たとえば司法権が表現物を事前抑制した場合の合憲性が問題となる。**北方ジャーナル事件**（最大判昭和61・6・11民集40巻4号872頁）では、裁判所による事前差止めは、原則として認められないが、「表現内容が真実でなく、又はそれが専ら公益を図る目的のものでないことが明白であって、かつ、被害者が重大にして著しく回復困難な損害を被る虞があるときは、……例外的に事前差止めが許される」と、例外的場合に限って裁判所による事前抑制を認めている。

　次に、内容規制と内容中立規制という分類がある。**内容規制**とは表現の内容を理由として規制がなされるものであり、**内容中立規制**とは表現内容に関係なく表現の時・場所・方法を理由として規制がなされるものである。前者の例としては、煽動表現、わいせつ表現、名誉毀損表現の規制などがあり、後者の例としては、騒音規制やビラ貼り規制などがある。内容規制は、公権力が適切でないと考える表現の一切が規制されてしまうため、公権力の不当な動機の下で思想の自由市場が歪曲化してしまうおそれがある。そのため、その合憲性審査にあたっては厳格審査が求められる。それに対して、内容中立規制は、規制されている時・場所・方法以外の方途による思想の自由市場へのアクセスが認められているため、内容規制の厳格審査より緩やかな中間段階の審査（LRAの基準など）によって判断されるべきである。

　情報化社会が進み、国民一人ひとりがSNS等を通じて情報発信できるようになったとしても、組織としてこれを行うマスメディアは国民の知る権利

にとって重要な役割を担う。マスメディアが国民の知る権利に奉仕するためには、情報を伝達する**報道の自由**と、報道のために情報収集を行う**取材の自由**が必要である。最高裁は、報道の自由が憲法21条の保障の下にあることはいうまでもなく、取材の自由も憲法21条の精神に照らして、十分尊重に値するものといわなければならないとした。(**博多駅テレビフィルム提出命令事件**、最大判昭和44・11・26刑集23巻11号1490頁)。

　憲法21条は表現の自由とともに、**集会・結社の自由**も保障している。集会とは、多人数が共通の目的を持ち特定の場所に一時的に集合することをいう。デモ行進なども集会の自由に含まれると解されている。デモ行進に際して許可制を採用している条例の合憲性が問題となった**新潟県公安条例事件**(最大判昭和29・11・24刑集8巻11号1866頁)において、最高裁は、一般的な許可制を定めて事前にデモ行進を抑制することは憲法に趣旨に反するとしながら、特定の場所または方法につき、合理的かつ明確な基準の下で、公共の安全に対し明らかな差し迫った危険を及ぼすことが予見される時に限ってこれを不許可とすることは認められるとした。

4　学問の自由

　憲法23条の学問の自由には、学問研究の自由、研究発表の自由、教授の自由が含まれる。学問研究の自由は、学問の自由のまさに中心をなすものであり、公権力による規制は特に禁止されると考えられていた。しかし、近年では、研究活動に伴うプライバシー侵害や原子力実験等の危険な研究等に対する制約を認める見解が有力に展開されている。研究発表の自由に関して、研究成果は、その発表をもって社会的意義を獲得する。教授の自由は、教育機関における研究発表の自由とも言い換えられる。この教授の自由は大学における教育の自由だけでなく、初等中等教育機関における教育の自由も一定の範囲で認められている。

　学問の自由は、とりわけ大学での研究・教授の自由を保障する必要性を導き、**大学の自治**という客観的制度を生み出した。大学の自治とは、大学を外的勢力の圧力から保護することを意味している。その法的性格については、個人の自由や権利というよりもむしろ、制度的保障と解するのが一般的であ

る。大学の自治の中には、人事の自治および施設・学生管理の自治が含まれる。大学の構成員たる学生も大学の自治の担い手となれるかにつき、学生も大学における不可欠の構成員として、「大学自治の運営について要望し、批判し、あるいは反対する権利」を有すると解される。

第2節　経済的自由権

1　職業選択の自由

　職業選択の自由は、自己の従事する職業を自由に選び得るということである。もちろん、国家によってこれを強制されることもない。また、自由な職業を選択したところでその職業を遂行できなければ意味がないため、選択の自由のみならず、職業遂行の自由も含まれる。

　経済的自由の合憲性審査に際しては、規制の目的に関して、規制目的を積極目的と消極目的に区別し、それぞれに異なる審査基準が用いられるとする**規制目的二分論**が主張されている。積極目的の規制とは、福祉国家的観念から、弱者保護や社会経済の調和的発展のためになされる政策的規制である。これに対して、消極目的の規制とは、経済活動から生じる国民の健康や安全に対する弊害を除去・防止するための規制である。積極目的規制の場合には、消極目的規制の場合に比して、立法府による裁量の余地が大きく、より緩やかな合憲性審査がなされる。すなわち、積極目的規制の場合には、法的規制措置が「著しく不合理であることの明白である」場合に限り違憲とされる**明白の原則**によって判断されるのに対し、消極目的規制の場合には、規制の必要性・合理性と同じ目的を達成できる、より緩やかな規制手段の有無を問う**厳格な合理性の基準**によって判断される。

2　居住・移転の自由

　自由な移動による土地からの解放や労働力の移動は、現代の経済活動の前提をなしている。古くは経済活動の一環としての移動を想定していたが、現代社会において居住・移転の自由は、身体を拘束されないという人身の自由としての側面や、自由な移動を通じて知見を広めるという精神的自由権としての側面を併せ持ち、複合的性格を有するとされている。

3 外国移住・国籍離脱の自由

憲法22条2項は、外国移住および国籍離脱の自由を保障している。外国移住は、一般的に定住および長期の滞在を意味するが、一時的な海外渡航についても、憲法22条2項によって保障されるものと解されている。

憲法上、国籍離脱の自由は認められているが、無国籍になる自由までは保障されていないと解されている。国籍法13条1項も国籍離脱について他国籍を有することを条件にしており、無国籍となることを認めていない。

4 財 産 権

財産権とは、民法上の所有権のみならず、物権、債権、無体財産権（特許権・著作権など）、特別法上の権利（漁業権・鉱業権など）その他の財産的価値を有する権利を広く含む。

憲法29条1項は、財産権の保障を謳い、国家による恣意的な制限から国民を守るという主観的権利としての財産権を保障するとともに、客観的法秩序としての**私有財産制**を制度的に保障していると解されている。財産権の内容については法律事項であるとされるが、そのすべてが法律によって決せられてしまっては憲法で財産権を保障した意義が失われてしまうことからも、私有財産制の核心を否定するような法律は認められない。財産権に対する制約としての公共の福祉は、職業選択の自由と同じく、他人に危害を及ぼすような行為を防止する消極目的のための内在的制約のみならず、社会国家的な積極的・政策的意味での公共の福祉も含む。

憲法29条3項は、個人の財産を公共目的の達成のために収用・制限する場合には、正当な補償が必要であるとしている。いかなる場合に、正当な補償が必要となるかについて、財産権に対する内在的制約の場合には、法律で特別の補償が認められている場合を除いて、補償は不要とされる。しかし、財産権に内在する制約としての受忍限度を超え、社会全体の利益のために個人が特別の犠牲を強いられた場合には補償が必要とされる。ここでいう**特別の犠牲**とは、①侵害行為が広く一般人を対象とするか、それとも特定の人を対象とするかという形式的要件と、②侵害行為が受忍すべき限度を超え、財産権の本質的内容を侵すほどに強度なものかという実質的要件によって決せら

れるとする考えが従来から唱えられていた。しかし、形式的要件につき、対象が一般人か特定人かという区別は相対的なものにすぎないとの批判から、①財産権の剥奪または当該財産権の本来の効用の発揮を妨げることになるような侵害については補償を要し、②その程度に至らない場合については、（ⅰ）当該財産権の存在が社会的共同生活との調和を保ってゆくために必要とされる場合には補償は不要とされ、（ⅱ）他の特定の公益目的のために、当該財産権の本来の社会的効用とは無関係に、偶然に課せられる制限であるときには補償を要する、という実質的要件を重視した考えが有力となっている。

　憲法29条3項にいう正当な補償の意味については、学説上見解が分かれている。制限された財産に対して合理的に算出された額であれば足りるとする**相当補償説**と、当該財産の客観的な市場価格すべてを補償すべきであるとする**完全補償説**である。最高裁は、この点につき、**農地改革事件**（最大判昭和28・12・23民集7巻13号1523頁）において、「正当な補償とは、その当時の経済状態において成立することを考えられる価格に基き、合理的に算出された相当な額をいうのであつて、必しも常にかかる価格と完全に一致することを要するものではない」とした。しかし、後の土地収用法に関する事件では、損失補償とは「完全な補償、すなわち、収用の前後を通じて被収用者の財産価値を等しくならしめるような補償をなすべき」であるとしている（最一小判昭和48・10・18民集27巻9号1210頁）。農地改革は終戦直後の社会変革期になされた施策であり、これを例外的な事例とみるとすれば、やはり原則は財産価値に対して完全な補償が求められる。

第3節　人身の自由

1　奴隷的拘束および苦役からの自由

　憲法18条にいう奴隷的拘束とは、個人の尊厳を無視するような態様での拘束を意味している。これは国家による拘束だけでなく、私人間における関係にも適用されることを想定している。また、苦役とは、一般人が苦痛であると感じる労務を指し、刑罰による場合を除いては認められない。

2 適正手続の保障

　憲法31条の適正手続の保障は、個人の生命や自由を奪う場合に法律で定められた手続によることを求めている。同条はアメリカ合衆国憲法修正14条1節に由来している。憲法31条からは、手続が法定されていることはもちろん、法律で定められた手続が適正であることも求められる。また、手続の法定および適正だけでなく、実体の法定および適正も求められるかが問題となる。この点につき、近代法における重要な基本原則である罪刑法定主義に関する条文が憲法上に間接的にしか定められていない（憲法73条6号）ことからも、憲法31条から同原則が導かれるべきである。

　憲法31条には、「刑罰を科せられない」とあるので、文字通りに読めば、刑事手続についてのみ適正手続を保障したもので、行政手続には及ばないと解される。しかし、行政手続の中にも、刑事手続に類する処分や過料のような罰則もある。**成田新法事件**（最大判平成4・7・1民集46巻5号437頁）では、憲法31条の保障は、直接には刑事手続に関するものであるが、行政手続についても、それが刑事手続ではないとの理由のみで、同条による保障の枠外にあると判断することは相当ではないとした上で、「事前の告知、弁解、防御の機会を与えるかどうかは、行政処分により制限を受ける権利利益の内容、性質、制限の程度、行政処分により達成しようとする公益の内容、程度、緊急性等を総合較量して決定されるべき」ものであり、常にそのような機会を与えることを求めるものではないと判断している。

3 刑事手続の保障

　刑事手続に関する憲法上の規定は、被疑者の権利と被告人の権利に大別できる。まず被疑者の権利として、不当な逮捕・抑留・拘禁からの自由（33条・34条）、不当な捜索・押収からの自由（35条）がある。次に被告人の権利として、公平な裁判所の迅速な公開裁判を受ける権利（37条1項）、証人審問権・証人喚問権（37条2項）、弁護人依頼権（37条3項）、自己負罪拒否特権（38条1項）、自白の証拠能力の制限（38条2項）、自白の補強証拠の要求（38条3項）、遡及処罰の禁止・二重の危険の禁止（39条）が認められる。そのほかに、憲法36条では、拷問および残虐刑が禁止されている。

第8講

社会権・国務請求権・参政権・国民の義務

本講のねらい
・社会権の必要性を理解し、それぞれの人権の内容を理解する。
・国務請求権に分類される権利とその内容を把握する。
・参政権の内容と選挙の基本原則について学習する。
・憲法に国民の義務が定められている意味とその類型について知る。

第1節 社 会 権

社会権とは、資本主義の高度化に伴う弊害から社会的・経済的弱者を保護するよう国家に求める権利である。自由権が国家からの自由であり、国家の不介入を求めたのに対して、社会権は国家による積極的な介入を求めるものである。

1 生 存 権

憲法25条1項は「健康で文化的な最低限度の生活を営む権利」として、いわゆる**生存権**を保障している。同条2項では、その生存権保障のための国家の責務が示されている。

25条の1項と2項の関係につき、1項は生存権保障の目的を実現するために規定され、2項はその目的を達成するための国の努力義務を規定していると一般的に解されている。これに対して、1項は国が救貧政策をなす責務、2項は国が防貧政策をなす責務をそれぞれ規定しているという考えがあるが、それらは相互に作用し合うこともあるため、また救貧政策と防貧政策の区別は明確でないため支持を得ていない。

生存権の請求権的側面の法的性格について、**具体的権利説、抽象的権利説、プログラム規定説**の3つの説が唱えられている。具体的権利説とは、25条1

項を直接の根拠として具体的給付を請求する権利は導出し得ないが、同条を根拠に国に対して立法不作為の違憲訴訟を提起することができるとする説である。抽象的権利説とは、国民は国に対して生存権保障のための立法をするよう要求する権利を有し、国もそのような立法を行う義務を負い、立法によって現実的な請求権が具体化されたときには、その権利を主張し得るという説である。この説は、具体的権利説と異なり、立法の不作為を裁判上争うことができないとする。プログラム規定説は、国に対して政治的・道義的義務を課すにとどまり、具体的権利を保障するものではないとする説である。**食糧管理法違反事件**（最大判昭和 23・9・29 刑集 2 巻 10 号 1235 頁）では、25 条 1 項が国の責務を宣言したにとどまり、国民に具体的権利を保障するものではないとしてプログラム規定説を採用した。健康で文化的な最低限度の生活の内容について争われた**朝日訴訟**（最大判昭和 42・5・24 民集 21 巻 5 号 1043 頁）においても、生活保護法に基づく保護の基準について厚生大臣の広範な裁量を認めている。

2 教育を受ける権利

憲法 26 条の教育を受ける権利は、子どもの成長・発展の権利として必要とされる。教育を受ける権利には、子どもの学習権、教育の機会均等、義務教育の無償化が含まれる。子どもの学習権は、教育を受ける権利の前提であり、国民が国家に対して必要な教育制度・施設を要求する権利である。しかし、その内容は「法律の定めるところ」によるため、広い立法裁量が認められている。教育の機会均等については、教育基本法 4 条 1 項で、国民は「人種、信条、性別、社会的身分、経済的地位又は門地によって、教育上差別されない」として具体化されている。

教育権は、憲法上明文で規定されていないが、子どもの学習権に対応し、それを充足するための権利として観念されている。しかし、この教育権の主体につき、国民全体の教育意思が反映される国会が法律を通じて教育内容を決定するという**国家教育権説**と、国家による子どもの教育へのかかわりは国民の教育の遂行を側面から助成するための諸条件の整備に限られ、子どもの教育は親を中心とする国民全体の責務とする**国民教育権説**の間で争いがあっ

た。この点につき、**旭川学力テスト事件**（最大判昭和 51・5・21 刑集 30 巻 5 号 615
頁）では、これら 2 つの見解は「いずれも極端かつ一方的であり、そのいず
れをも全面的に採用することはできない」とした。確かに、国家と親を中心
とする国民全体では、その能力や関心が異なるところ、両者はその役割に応
じて相互補完的に子どもの学習権を充足するよう努めるべきである。

3 労 働 権

憲法 27 条 1 項では、勤労の権利および義務について規定している。勤労の
義務については国民の義務の箇所で触れるため、ここでは勤労の権利につい
てのみ取り扱う。勤労の権利は、資本主義体制における個人の自主的な勤労
の機会の獲得を前提とし、これを得られない場合には国家による勤労の機会
の提供が求められ、これらが不可能な場合に最終的に生活への配慮の要求と
いった内容を有する。

憲法 27 条 2 項は、勤労条件の法定を明記することで、雇用契約における契
約自由の原則を制限し、社会権的理念を実現しようとしている。これを受け
て、労働基準法 1 条 1 項は「労働条件は、労働者が人たるに値する生活を営
むための必要を充たすべきものでなければならない」と定め、労働条件が生
存権の理念に立脚して設定されなければならないことを謳っている。

憲法 27 条 3 項は、資本主義黎明期に児童が労働力として搾取されていたこ
とに鑑み、児童の酷使を禁止している。日本では、1947（昭和 22）年に児童福
祉法が制定され、1994（平成 6）年には児童の権利に関する条約を批准してい
る。

憲法 28 条は、労働者に対して団結権、団体交渉権、団体行動権（争議権）
を保障している。これら 3 つの権利は**労働基本権**と総称される。労働基本権
を確保するために労働組合法が制定されており、使用者が理由なく交渉の
テーブルにつかないと不当労働行為とされる（労働組合法 7 条 2 号）。また、争
議行為についてその責任を負うとなるとその行動に萎縮効果が生じるため、
労働組合法 1 条 2 項で刑事免責を、8 条で民事免責をそれぞれ規定している。

公務員の労働基本権については、公務員の地位の特殊性と職務の公共性一
般を強調して国民全体の共同利益への影響に鑑み、その職種に応じ、労働三

権が制限され得る。警察職員、消防職員、自衛隊員、海上保安庁または刑事施設に勤務する職員は労働三権のすべてが否定され、非現業の公務員は労働交渉権が制約され、争議権が否定されている。現業の公務員は争議権のみが否定されている。

第2節　国務請求権

1　請　願　権

憲法16条は、いわゆる請願権を保障している。請願とは、一定の事項に関して公の機関に希望を陳述する行為である。請願の方法については、請願法で定められている。

憲法16条の主体は「何人も」とされており、権利の性質上外国人や法人も含まれる。また、同条の「損害の救済、公務員の罷免、法律、命令又は規則の制定、廃止又は改正その他の事項」とは、例示的な列挙であってこれらに限られない。「平穏に請願する権利」に関して、これは暴力や脅迫等の手段による請願を認めない趣旨であり、デモ行進等は保障の範囲内にあると解されている。

2　裁判を受ける権利

憲法32条で保障される裁判所において裁判を受ける権利は、法の支配の維持・貫徹の観点からも、とりわけ重要である。ここにいう裁判所とは、憲法76条1項にいう司法権の担い手たる最高裁判所および下級裁判所を指す。また、広い意味では行政機関による審判や裁判外紛争解決手続（ADR）も裁判を受ける権利の充足に関わっているが、裁判所による裁判を排除するものであってはならない。

3　国家賠償請求権

国家に対する賠償請求は、近代まで国家無答責の原則の下で認められていなかったが、20世紀以降にこのような考えは転換され始めた。憲法17条は、国民が公務員の違法な行為によって損害を受けた場合に、国または公共団体に対して賠償請求することができるとして、国家賠償請求権を保障している。同条において「法律の定めるところにより」とされているように、国家賠償

法が制定され、具体的な訴訟要件が定められている。そこでは、公務員の公権力の行使による不法行為責任（国賠1条1項）と、公の営造物の設置・管理の瑕疵に関する無過失責任（国賠2条1項）という2類型が定められている。

4 刑事補償請求権

　憲法40条は、刑事裁判において無罪判決が下された場合に、それに付随した身体的拘束に対する金銭的補償を認めるものである。これは刑事裁判制度が人間の所産によるものであり、過ちがあることを認め、その制度の中で犠牲となった者に対して衡平の観点から、拘束期間や捜査機関の故意過失等を考慮し、その金額を補償する。具体的な要件・手続は刑事補償法によって定められている。国家による違法な活動に対する国家賠償と異なり、（刑事）補償は適法な国家活動による個人への損失を補填する。

第3節　参　政　権

　参政権とは、直接または間接に国民が政治に参加する権利である。日本では、国民主権の下で代表者を通じて政治に参加する代表民主制が採用されている。この意味で、代表者を選出する選挙権と自らが代表者となる被選挙権が参政権には含まれる。また、国家作用の担い手たる公務員になり、国家の活動に能動的に参加することも、「公務就任権」として参政権に含まれると解される。憲法15条1項では、公務員の任免に関する一般原則を定めている。そして、国民の政治参加が憲法に定められているものとして、国会議員の選挙（憲法43条1項）、地方公共団体の長および議員の選挙（憲法93条2項）、最高裁判所裁判官の国民審査（憲法79条2項）、憲法改正の国民投票（憲法96条）、特別法の住民投票（憲法95条）がある。

　選挙権とは、国民の代表者たる公務員を選定する制度に参加する権利である。この権利は選挙制度を前提とした権利であり、その選挙制度の具体化は法律に委ねられている（憲法47条）。しかし、どのような選挙制度でも認められるわけではなく、選挙の基本原則に反しないことが求められる。選挙の基本原則としては、**普通選挙**（憲法15条3項）、**平等選挙**（憲法44条但書）、**秘密選挙**（憲法15条4項）、**自由選挙**、**直接選挙**が挙げられる。

普通選挙の原則とは、選挙資格に性別・身分・納税額などの要件を設ける制限選挙を否定し、すべての国民に等しく選挙資格を認めるものである。なお、憲法 15 条 3 項では、未成年者による選挙権を制限している。ここにいう成年者・未成年者の線引きは法律に委ねられており、2016（平成 28）年 6 月から、選挙権の認められる年齢が 20 歳から 18 歳へと引き下げられた。

　平等選挙の原則とは、選挙権の行使にあたり、その数または内容に差異を設けてはならないとする原則のことである。とりわけ、投票価値の不平等については衆議院議員選挙および参議院議員選挙のたびに議員定数不均衡の問題が争われている。1976（昭和 51）年の衆議院議員選挙では、最大格差 1 対 4.99 の定数配分不均衡が生じ、最高裁はこの格差について違憲としたが、選挙そのものは無効とはしないとして**事情判決の法理**による判断を下した。

　秘密選挙の原則とは、誰に投票したかを本人以外にわからないようにする選挙方法を採用すべきとするものである。

　自由選挙の原則とは、投票の自由、すなわち投票を棄権しても罰金等の制裁を受けないとする選挙原則である。オーストラリアなど**義務投票制度**を採用している国もある。

　直接選挙とは、有権者が直接代表者を選出する選挙制度のことである。直接選挙は、有権者が選挙人を選び、選挙人が代表者を選ぶ間接選挙と対置される。間接選挙制は、アメリカの大統領選挙などで採用されており、有権者の投票数の結果と選挙人による選出の結果が異なることもあるため、議論も多い。しかし、結果の相違という反面、ポピュリズムへの歯止めとしての機能も有している。

第 4 節　国民の義務

　日本国憲法第 3 章は「国民の権利及び義務」と題され、国民の権利とともに、その義務についても規定している。これは、明治憲法第 2 章の「臣民権利義務」の表題を引き継いだものであるが、26 条 2 項、27 条 1 項、30 条でそれぞれ規定される国民の義務はあくまで倫理的な指針を定めたものであると解されている。

1　教育の義務

　憲法26条2項前段では、子どもに教育を受ける義務を課しているのではなく、親に対してその子どもに教育を受けさせる義務を課すことで、子どもの教育を受ける権利を保障している。なお、学校教育法17条1項および2項で保護者に対してこの就学義務を課し、同法144条1項でそれに反した場合の罰則を設けている。

2　勤労の義務

　憲法27条1項に定められる勤労の義務は、働く能力のある者がその所産によって生活を維持することを定めた規範的な意味しか有せず、強制労働を認めるものではない。生活保護法4条1項の規定が生活保護の受給要件に「その利用し得る資産、能力その他あらゆるものを、その最低限度の生活の維持のために活用すること」を求めていることも、勤労の義務が原則として自己の責任の範疇でなされるべきことを示している。

3　納税の義務

　国家を存立・維持していく上で納税による財政的支えは不可欠である。しかし、憲法30条から直接に法的な納税の義務が生じるわけではなく、同条に「法律の定めるところにより」とあるように、法律による具体化が必要とされる。徴税は国家運営の重要な一要素である反面、歴史的にみても個人の財産権への侵害の手段として用いられてきた。そのため、本条は、29条2項と31条の法定主義に挟まれていることからも、法律がなければ納税の義務を負わないことを意味する。

─── コラム　環　境　権 ───

　高度経済成長期に水質汚染等の公害が社会問題となると、人の生命や健康を守るために環境権が提唱された。環境権とは、一般に、健康で快適な環境を享受し、その保全を求める権利と定義される。公権力による権利侵害があった場合には、憲法 13 条の幸福追求権の一内容をなす人格権と結びつき、自由権的側面が強調される。他方で、社会権的側面を強調し、国家に対して良好な環境の保全を求める場合には、憲法 25 条の問題となる。しかし、環境権の権利性を積極的に肯認した最高裁判決はなく、環境権の実現はいまだ環境基本法等の立法政策に大きく委ねられている（なお、航空機の離着陸の際に生じる騒音について、近隣住民が夜間帯の離着陸の禁止を求めた大阪空港騒音訴訟において、大阪高裁は、憲法 13 条および 25 条に裏付けられる「個人の生命、身体、精神および生活に関する利益は、各人の人格に本質的なものであつて、その総体を人格権ということができ」るとして、環境権という文言を用いてはいないが、その可能性を示した。大阪高判昭和 50・11・27 判例時報 797 号 36 頁）。

第9講

統治機関

本講のねらい
・権力分立と抑制と均衡の仕組みを理解する。
・統治機構の全体像を把握する。
・議院内閣制について理解する。
・各権力部門の構成や権限について理解する。

第1節 権力分立

　統治機構の説明に入る前に、その背景にある考えについて簡単にみていきたい。日本国憲法は権力分立原理を採用している。**権力分立**とは、国家の権力を分割し、それぞれを異なった機関の手に委ねることで暴走を防ぎ、国民の人権や自由を守ろうとする仕組みである。フランス人権宣言の 16 条にもあるように、近代憲法の大前提とされる、非常に重要な仕組みである。日本国憲法は国家の権力を**立法・行政・司法**に分割し、それぞれを**国会・内閣・裁判所**に委ねている。ごく簡単に言えば、国民を直接代表する国会が意思決定をし、国民を間接的に代表する機関である内閣がそれを実行に移し、そして法的な争いが発生した際には裁判所が裁定する、という形が採られているのである。

　もっとも、ただ権力を分散させるだけでは暴走を防ぐためには不十分である。そこで、お互いに監視させ、必要があれば相手を抑制するという**抑制と均衡**の仕組みが備わっている。具体的には、まず国会（衆議院）は内閣に対して不信任決議権と総理大臣の指名権、裁判所に対しては弾劾裁判権を持っている。一方、内閣は国会に対して**衆議院の解散権**を、裁判所に対しては**最高裁判所長官の指名権**および**その他の裁判官の任命権**を持つ。そして裁判所は

国会と内閣に対して**司法審査権**を持つのである。このように、権力分立は権力機関がお互いに監視・牽制し合うことで暴走を防ぐことを目指すものであり、「効率」や「スピード」を重視するものではないとされている。

　権力分立に加え、日本国憲法の３大基本原理の一つである**国民主権原理**も、統治機構について理解するためのキーワードの一つである。憲法の統治機構に関する規定は、一見するとバラバラに幅広い内容を定めているようにみえる。しかし、それらは国民主権原理を反映しているものであり、国民の意思をどのように国政に反映させるかというコンセプトが貫かれている。たとえば、国会が「国権の最高機関」とされていることや議院内閣制が採用されていること、最高裁判所裁判官の国民審査、また別の章で扱う内容であるが財政民主主義なども、国民の意思を統治に反映させるという趣旨が反映された制度なのである。

　では、日本の統治機構は具体的にどのような仕組みになっているのだろうか。以下では、各権力部門が具体的にどのような役割を担っているのか、より具体的にみていきたい。

第２節　国　　会

1　唯一の立法機関

　国会は国民から直接選挙で選ばれた、国民を直接代表する機関である。憲法 41 条は「国会は、国権の最高機関であつて、国の唯一の立法機関である」と定めている。この条文からは、国会が最高機関であること、そして唯一の立法機関であることがわかる。ではそれらはより具体的にどのような意味なのであろうか。

　まず立法機関とされていることから、国会には**立法権**が与えられており、法律を作ることがその主な役割であることがわかる。ここでまず問題になるのが、立法権の定義である。立法権とは**法規**という特定の内容を持った法規範を定める作用、であるとされる。では、ここでいう法規とはどのような内容であるかが問題になるが、その概念は歴史的に変動するものである。たとえば19世紀のドイツにおいては、国民の権利や自由を直接制限し、義務を課

す内容の法とされていた。その考えは明治憲法下の日本の憲法学にも取り入れられ、通説的な見解となっていた。反面、この見解は議会の力が弱かったという背景の中で生まれたものであった。今日では民主主義も発達し、議会の力は当時よりも強力なものとなっている。また「法規」の定義が広いほど国民の代表機関である議会の権限も大きくなることから、今日ではより広く捉える見解が通説となっている。このような流れから法規とは、あらゆる一般的・抽象的法規範を含むもの、と解されている。

次に、「唯一の」とされている点についてみていきたい。この「唯一の」という言葉からは、国会が立法権を独占すること、そして国会のみの手で、言い換えれば国会が単独で立法を行うことができること、という2点が導かれる。まず国会が立法権を独占するということから、国会以外の機関は立法を行うことができないということになる（**国会中心立法の原則**）。もっとも、憲法上の例外として**議院の規則制定権**や内閣の**政令制定権**、**最高裁判所の規則制定権**、そして地方自治体の**条例制定権**が定められている。それらは憲法自身によって定められている例外であるが、それら以外に例外は認められない。

次に、国会が単独で立法権を行使できる（**国会単独立法の原則**）という点である。これは明治憲法下でのあり方と対比するとわかりやすい。明治憲法下において立法権は天皇の手にあり、法律が制定される際には天皇の裁可が必要であった。それに対し、現憲法は国会を「唯一の立法機関」としていることから、国会は他の機関の関与を得ることなく、単独で法律を制定できるのである。なお、憲法上の例外として、一つの地方公共団体にのみ適用される特別法（**地方自治特別法**）の制定の際には住民投票が必要とされていることに注意が必要である。

続いて「国権の最高機関」の意味についてみていきたい。この意味に関しては、3つの学説がみられる。すなわち、「最高機関」という言葉に法的な意味を認めて三権の中で一段高い位置におくという**統括機関説**、反対に法的な意味を認めず三権の中で直接国民から選ばれていることから最も主権者に近い存在として敬意を表し、その重要性を表現したとする**政治的美称説**、そしてあくまでも三権は並列だとしつつもその中での調整機関であるとする**総合**

調整機関説、である。これらのうち、通説的な見解は政治的美称説となっている。

2 組織構成と権限行使

本節の最後に、国会の組織構成と権限行使についてみていきたい。日本国憲法は**二院制**を採用し、国会は**衆議院**と**参議院**から構成されている。衆議院と参議院の違いは任期や定数、選挙の方法、被選挙権が与えられる年齢、そして解散制度の有無にみられる。それらに加え大きく異なるのが、衆議院の優越である（**衆議院優越の原則**）。任期がより短いことに加え、解散制度を備えている衆議院の方が民意に近いと考えられることから、法律案や予算の議決などの面において衆議院に優越が認められているのである。また、衆議院には内閣総理大臣の指名権や内閣不信任決議権、そして条約の承認権も与えられている。

国会は立法権以外にも様々な権限を有するが、他の機関への抑制機能を持つ権限として、総理大臣の指名権や内閣不信任決議権、予算や財政処理の議決権、そして弾劾裁判所の設置権が挙げられる。そのほかにも条約の承認権や憲法改正の発議権、そして各議院は国政調査権を有している。国会は議論を経た上で最終的には多数決によって意思決定をするが、国会は常に開かれているものではない。国会の会期には**通常国会**（**常会**）、**臨時国会**（**臨時会**）、**特別国会**（**特別会**）があり、それぞれ招集のための条件や開かれている期間に違いがある。なお、衆議院の解散中かつ参議院の閉会中に緊急事態が発生した際には、**参議院の緊急集会**の制度も備えられている。そして国会の構成員である国会議員には、その権限行使のために**歳費特権**、**不逮捕特権**、そして**免責特権**という3つの特権が認められている。

第3節 内　　閣

1 内閣と行政権

引き続き、内閣についてみていきたい。**内閣**とは行政の最高意思決定と行政各部の指揮・監督を担う機関であり、中央省庁のトップを中心とした**国務大臣**と、その首長である総理大臣による合議体である。憲法65条は内閣に行

政権を委ねている。ここで**行政権**について通説的見解は、全国家作用から立法・司法の両作用を取り除いた残りの作用、と定義している（**控除説**もしくは**消極説**）。このような定義の根拠は 2 つ挙げられる。一つは、歴史的沿革である。歴史の中で君主などが握っていた支配権から、立法権が分化し、その上でさらに司法権が分化した、という流れと一致するのである。そしてもう一つとして、非常に多岐にわたる行政の職務内容を漏らすことなく捉えられる、という点も挙げられる。言い換えると、他の定義では多様な行政活動を捉えきれないというのである。批判もなされているが、これらの点から今日では通説的な見解となっている。

2　内閣の構成

　先述のように、内閣は首相と国務大臣で構成されている。2020（令和 2）年 12 月現在、内閣法によって**国務大臣**の定数は 14 人（復興庁と東京オリンピック競技大会・東京パラリンピック競技大会推進本部が設置されている間は 16 人）とされているが、特別の必要がある場合はさらに 3 人まで増員することが可能である。国務大臣というと防衛大臣や財務大臣といった形で分担管理を担う大臣が思い浮かぶが、それらを担わない**無任所の国務大臣**もおくことができる。

　では、内閣の構成員はどのように選ばれるのであろうか。まず総理大臣は国会議員から選ばれなくてはならない。そして国務大臣も、過半数は国会議員から選ばれなくてはならない。言い換えると、過半数を超えなければ民間などから選任することもできるのである。資格面については首相も国務大臣も**文民**（定義をめぐっては議論があるが、現役自衛官ではない者とされている）でなくてはならない。また、首相は国会が指名した上で天皇が任命する。一方の国務大臣の任免権は首相が持っており、首相に大きな力が与えられている。

　先述の国務大臣の任免権に加え、総理大臣の職務は、憲法 72 条によって「内閣総理大臣は、内閣を代表して議案を国会に提出し、一般国務及び外交関係について国会に報告し、並びに行政各部を指揮監督する」とされている。また、内閣総理大臣の同意がない限り国務大臣は訴追されないとされており、そのことから首相も在任中は訴追されないと解されている。

3　内閣の権限

　内閣は行政権を担う機関であるが、行政権の定義の箇所でも述べたように、行政権の範囲は非常に幅広いものである。そのことから、内閣の権限も幅広いものとなる。憲法73条は内閣の権限として一般行政事務のほかに、法律を誠実に執行し国務を総理すること、外交関係の処理、条約の締結、官吏に関する事務の掌理、予算の作成および国会への提出、政令の制定、大赦・特赦・減刑・刑の執行の免除および復権の決定、を挙げている。

　ここにおいて、条約の締結については事前、もしくは事後の国会の承認が必要とされている。また、法律の誠実な執行とされているところに、国会と内閣の役割分担関係が反映されている。なお、内閣の意思決定は**閣議**によって行われ、そこでは全会一致が原則とされる。

4　議院内閣制

　この節の最後に、国会と内閣の関係についてみていきたい。日本ではイギリスのように、**議院内閣制**が取り入れられている。憲法の条文に即してみていくと、66条3項が内閣は国会に対し連帯して責任を負うことを定めていることを始め、67条は国会による首相の指名、69条は内閣不信任決議権、そして67・68条は首相及び国務大臣の過半数を国会議員から選ぶものとしている。このように、国会と内閣が密接な繋がりを持ち、連携しているのである。三権分立というとそれぞれが切り離され、分断されているイメージがあるかもしれないが、国会と内閣を密接に繋げることで行政を国民の代表機関である国会のコントロール下におき、間接的に民意による統制を及ぼそうとするのである。政府を国民の意思のコントロール下におこうという考えは、現憲法が制定される以前からみられた考えである。早くはポツダム宣言12項において「前記諸目的カ達成セラレ且日本国国民ノ自由ニ表明セル意思ニ従ヒ平和的傾向ヲ有シ且責任アル政府カ樹立セラルルニ於テハ聯合国ノ占領軍ハ直ニ日本国ヨリ撤収セラルヘシ」と定められていたほか、アメリカ政府内の対日政策に関する文書にも議院内閣制の考えが盛り込まれていたのである。

第4節 裁　判　所

　ここまで、国会と内閣についてみてきた。三権のうち、国会と内閣は直接・間接の違いがあるものの、双方ともに国民の代表という性格を有していた。それに対し、国民との距離が最も遠いのが裁判所である。裁判所は選挙で選ばれていないという点で、民主主義的に選ばれた他の機関とは性格が異なっている。そのことからも、裁判所は**政治部門**ではなく**法律部門**として、法的紛争の裁定をその任務とするのである。以下、より具体的にみていきたい。

1　司法権の意味と帰属

　日本国憲法 76 条 1 項は、「すべて司法権は、最高裁判所及び法律の定めるところにより設置する下級裁判所に属する」と定め、司法権を最高裁判所および下級裁判所に与えている。ここでもまず、司法権の定義についてみていきたい。**司法権**は「具体的な争訟について、法を適用し、宣言することによって、これを裁定する国家の作用」（清宮四郎、330 頁）と定義される。この定義は学説・判例の双方で広く受け入れられている。明治憲法下では司法権には**民事事件**と**刑事事件**のみが含まれると考えられており、**行政事件**は行政機関である**行政裁判所**の権限とされていた。しかし現憲法下では行政事件も司法権に含まれるとされている。

　上述の定義にもみられるように司法権は**具体的な争訟**を対象とするが、それは裁判所法 3 条の定める**法律上の争訟**と同義であるとされる。そして法律上の争訟として認められるための要件として、判例は「当事者間の具体的な権利義務ないし法律関係の存否に関する紛争」、「法律の適用によつて終局的に解決し得べきもの」（最小判昭和 28・11・17 行集 4 巻 11 号 2761 頁）という 2 点を挙げている。

　では、司法権の限界に目を転じたい。まず憲法上の限界としては国会の**弾劾裁判権**と**国会議員の資格に関する争訟**が、国際法上の限界としては外交使節の治外法権や、条約により裁判権が及ばないとされている事柄がある。もっとも、憲法や国際法で定められていない限界も指摘される。それらは解

釈によって限界とされるものであるが、国会の自律権や行政裁量に該当する事柄、**統治行為論**、そして**部分社会論**が挙げられる。これらのうち、部分社会論を除くものは権力分立や国民主権の観点から限界とされているものである。

2　司法権の独立

　司法権は法的な紛争の裁定をその任務とするが、これはスポーツでいえば審判のようなポジションである。そして司法部門は違憲審査権を持つことから、人権保障の砦という面も持っている。これらのことからも、中立・公平であることが強く求められ、司法権には強い独立性が認められている（**司法権の独立**）。もっとも「独立」のあり方にはいくつかの側面がある。すなわち、司法部門が司法部門以外の国家機関から独立していること、そして各裁判官が司法権の内外から独立していること、という2つの面である。

　司法部門の他の国家機関からの司法権の独立に関する事件として、前憲法下での大津事件が挙げられる。そこでは政府によって司法への圧力がかけられたが、そのようなことがないように、現憲法は様々な制度を設けている。具体的には最高裁判所の規則制定権や、下級裁判所の裁判官の指名権を最高裁判所が持つこと、そして裁判所法の定める最高裁判所の司法行政監督権が挙げられる。

　個々の裁判官の独立については、憲法76条3項の「すべて裁判官は、その良心に従ひ独立してその職権を行ひ、この憲法及び法律にのみ拘束される」とする規定や、78条の心身の故障により職務継続ができない旨の決定を受けた場合と公の弾劾以外では罷免されないこと（なお、最高裁判所裁判官については79条により国民審査の対象とされている）、行政機関は裁判官を懲戒できないこと、そして79条6項が在職中の報酬の減額を禁止していること、が挙げられる。このように、組織としての司法権を他部門の干渉から保護することに加え、個々の裁判官自身の独立を保障することによって、司法権の独立が全うされるのである。

第10講

財　政

本講のねらい
・財政はどのような原則の下に運用されているか。
・国の予算とはどのようなものか。
・予算の執行はどのように監督されるか。

　国家が活動するために必要な財貨を調達し、それを管理し使用する作用を財政という。財政作用には租税の賦課・徴収など財貨を獲得し、調達するために強制や命令などを行う**財政権力作用**と、獲得した財貨を管理し使用・支出する**財政管理作用**がある。

第1節　財政に関する原則

1　財政民主主義

　財政作用を行う実質的責任主体は内閣であるが、実際の権力作用や管理作用を行うのは下部行政機関である。このため財政作用に対して憲法83条で「国の財政を処理する権限は、国会の議決に基いて、これを行使しなければならない」基本原則を定めている。この原則は、財政作用の統制を国会の権限とすることから**財政立憲主義**（**財政国会主義**）、また民意によって財政作用がコントロールされることから**財政民主主義**といわれる。

　具体的には、租税を課す法律を国会が制定すること（憲法41条・59条）、予算案は国会に提出され議決を経ること（憲法60条・86条）、収入・支出の決算は国会に提出されること（憲法90条）によって、財政民主主義の実現がなされている。また憲法85条では「国費を支出し、又は国が債務を負担するには、国会の議決に基くことを必要とする」とし、国費の支出についても同様に国

会の議決を要するとしている。

2 租税法律主義

　租税は国や地方公共団体が活動の経費として、課税権に基づいて強制的に徴収する金銭や財物であり、国民が直接負担する。このため憲法84条では「あらたに租税を課し、又は現行の租税を変更するには、法律又は法律の定める条件によることを必要とする」と**租税法律主義**を定めている。つまり国民が負担する租税の賦課は国会の立法によるものとし、必ず国民の代表である国会の同意を得なくてはならない。そして徴収された租税は国家の活動の原資となることから、憲法30条は国民に納税の義務を課している。この義務は「法律の定めるところにより」とされていることから、租税法律主義を補強するものとなっている。

　租税法律主義は、**課税要件法定主義**と**課税要件明確主義**をその内容としている。課税要件法定主義は、課税要件や租税の負担・徴収方法が法律によって定められることを要求する。課税要件とは納税義務が成立するための要件であり、課税要件が満たされることにより納税義務が生じるものである。これには、誰が納税義務を負うのか (納税義務者)、課税の対象とされる物や行為、または事実である課税物件、そして税率を決定するために課税物件を金額や数量で表した課税標準、税率がある。また租税を課すにあたり、法律で税の賦課や徴収の手続についても定めなければならないとされる。課税要件や税の賦課や徴収の手続を明確にすることよって、法的安定性や予測可能性が担保される。

　課税要件明確主義は、法律で定められる課税要件や賦課徴収を定める手続は、その内容が誰でも理解できるよう明確かつ一義的に定められなければならないとするものである。行政の自由裁量を認めたり、不確定な概念を用いたりすることは原則として認められない。

　かつては租税として労役の義務が課されることもあったが、日本国憲法においては意に反する苦役の禁止 (憲法18条) から、租税は財貨に限定されている。特別の便益を受ける公共的施設の設置または改良のために支出する費用である負担金や郵便料金、免許や試験などの手数料などのように強制的に付

加される金銭は租税とは区別されるが、租税と同様に国会のコントロールが必要であるとされる。

第2節　予　　算

予算は国の財政を運用するために従う規則であり、一会計年度の間の**収入である歳入と、支出である歳出の見積り**である。予算は一般の法律のように永続性を持たず、憲法 86 条で予算は会計年度ごとに作成する**会計年度独立主義**を採っている。会計年度は財政法 11 条で 4 月 1 日から翌年の 3 月 31 日までとされている。

予算には、**本予算 (当初予算)** と**補正予算**がある。本予算は、その会計年度の開始前に成立した予算である。予算は財政法 16 条で予算総則、歳入歳出予算、継続費、繰越明許費、国庫債務負担行為からなるとされる。なお、継続費はあらかじめ数年度にわたる経費として一括して国会で議決された経費であり、また年度内に支出が終わらない見込みがあるとしてあらかじめ国会の議決を得て、繰り越して使用できる経費を繰越明許費という。本予算の執行中に経済情勢の大きな変化や自然災害などが発生し、本予算通りに執行することが望ましくないと判断された時、本予算を変更して補正予算が組まれる。この例として 2020 年度には新型コロナウイルス感染症の感染拡大を受けて、感染拡大防止策と医療提供体制の整備、および治療薬の開発や、雇用の維持と事業の継続のための緊急経済対策関係経費として、25 兆 5655 億円の補正予算が組まれた。

また内閣の総辞職や衆議院の解散によって予算の作成や国会への提出が遅れ、予算がその年の会計年度の開始に間に合わないことがある。明治憲法では 71 条で予算不成立の場合に前年度予算を執行するものとされていたが、日本国憲法には、地方交付税交付金や社会保障関係費など必要最低限の経費を手当てし、国民生活に影響が出ないようにする**暫定予算**がある。たとえば 2015 年度予算は前年 12 月に行われた衆議院選挙のため審議が遅れ 4 月 11 日に成立したため、この 11 日間の必要最低限の経費として 5 兆 7593 億円の暫定予算が成立している。

予備費は予算に計上されるものであるが、「予見し難い予算の不足に充てる」ため、予算の見積もりを超過した支出と予算外の目的の支出に充てられる。一定金額が予備費として予算に計上されるが、この支出について国会の承認はない。このため憲法87条1項により予備費の支出は内閣の責任で支出されるが、同条2項で「すべて予備費の支出については、内閣は、事後に国会の承諾を得なければならない」とされる。すでに支出した予備費に国会の承諾が得られない場合には内閣の政治責任が問われるが、支出に対する法的効果に影響はないとされる。

　予算は予算の作成についての規定である憲法86条と内閣の列挙事務である憲法73条5号により、内閣が作成し、国会に提出されて審議される。

　予算案の審議は、憲法60条1項で「予算は、さきに衆議院に提出しなければならない」とされ、衆議院が先に予算を審議し議決する。同条2項で議決についても衆議院の優越が認められており、両院の議決が異なり両院協議会を経てもなお意見が一致しない場合、また参議院が衆議院の可決した予算を受け取った後、一定期間のうちに議決しない場合には衆議院の議決が優先される。予算の議決については法案の議決と異なり、衆議院の特別多数の可決を必要とせず衆議院の議決が国会の議決となる。このように衆議院の先議権と優越が認められている理由は、国民の負担による予算に対してはその使途に国民の強い関心が持たれることから、任期が短くまた解散があって国民を直接に代表する衆議院の意見がより反映させられるためとされる。

　予算の審議で国会が修正できる範囲について、予算原案に対して項目を廃除し、金額を削減する減額修正については制限がないとされている。しかし予算原案に対し新たな項目を加えたり、金額を増額したりする増額修正については、相当する財源を伴うことを要求する歳入限界説や、予算原案の同一性を損なう大きな修正は許されないとする同一制限解説、増額修正に限界はないとする増額修正無限解説があり対立している。

　予算は、歳入と歳出についての単なる見積表ではない。アメリカでは予算と法律を区別することなく予算を予算法としているが、日本では予算と法律を区別している。そのため予算の法的性質について議論があり、予算という

名称の一種の法律とする予算法律説と、予算の法的性格を認めるが法律とは異なる予算という独自の法形式であるとする予算法規範説が対立している。

第3節　予算執行の監督

憲法90条では「国の収入支出の決算は、すべて毎年会計検査院がこれを検査し、内閣は、次の年度に、その検査報告とともに、これを国会に提出しなければならない」とされる。

　決算は**予算に基づく歳入および歳出の結果**で、一会計年度における国の収入・支出の実績を示す確定的計数書であることから、予算と異なり法規範性を有しない。しかし予算によって立てられた歳入・歳出の準則が、現実の収支として適正に行われたかどうかを検討し、財政作用の主体である内閣の責任を明らかにすることによって、予算執行を事後的に統制するものである。

　決算の内容の審査には、会計検査院の検査と国会の審査がある。会計検査院の検査は、適法性と正当性を検討し確認する法的観点からの検査である。憲法90条で決算を検査する機関である会計検査院は、会計検査院法（1947年）1条で「内閣に対し独立の地位を有する」とされ、検査報告には同法29条により国の収入支出の決算の確認、違法・不当な事項について記載される。

　決算は翌年度、会計検査院の報告とともに国会に提出され、両議院で審査を受ける。これは決算内容を検討し、予算執行責任者である内閣の責任を明確にするため政治的観点からの審査である。各議院の議決は決算の効力には関係ない。

　また財政状況について憲法91条「内閣は、国会及び国民に対し、定期に、少くとも毎年一回、国の財政状況について報告しなければならない」とされ、**財政状況を公開**するものとしている。これを受けて財政法（1947年）46条1項では内閣に、予算が成立した時に「直ちに予算、前前年度の歳入歳出決算並びに公債、借入金及び国有財産の現在高その他財政に関する一般の事項について、印刷物、講演その他適当な方法で国民に報告しなければならない」とし、加えて2項で「内閣は、少くとも毎四半期ごとに、予算使用の状況、国庫の状況その他財政の状況について、国会及び国民に報告しなければなら

ない」としている。

第4節　公金支出の禁止

　憲法89条では「公金その他の公の財産は、宗教上の組織若しくは団体の使用、便益若しくは維持のため、又は公の支配に属しない慈善、教育若しくは博愛の事業に対し、これを支出し、又はその利用に供してはならない」とある。

　89条前段は**政教分離の原則を財政的側面から保障する**ものであり、信教の自由を保障するものである。

　そして後段では**慈善、教育、博愛事業への公の財産の支出・利用を禁止**している。慈善と博愛は、困窮者に対する対価を求めない物質的・精神的支援を指し、公の支配に属しないこれらの事業への公金の支出が禁止されるものであるが、この目的については学説が分かれている。まず公費の濫用を防ぐために当該事業者を国が監督すべきことを要求する公費濫用防止説がある。次に私人による教育や慈善事業等は特定の宗教的信念に基づくことが多いことから、財政的援助により宗教や特定の思想が優遇され、教育等の事業を介して浸透することを防ぐという中立性確保説がある。この説は公の支配に属しない事業への公金支出の禁止を、同条前段の政教分離の財政面からの保障をさらに補強するものとして位置付けている。そして、教育など私的な事業への不当な公権力の支配や公権力に対する依存性を排除するものとする自主性確保説がある。

===== **コラム　私立学校の助成** =====

　日本で私立学校に在学する学生や生徒は、大学では 73.6 ％、短大では 94.1 ％にのぼっており（「私学助成の充実」文部科学省 https://www.mext.go.jp/a_menu/koutou/shinkou/main5_a3.htm：2020 年 10 月 24 日閲覧）、私立学校は学校教育の発展にとって重要な役割を果たしている。このため国や公共団体は、教育研究条件の維持および向上と私立学校に在学する学生生徒などの修学上の経済的負担の軽減、私立学校の経営の健全性を図るため私立学校への助成を行っている。

　私立学校の助成には、経常的経費について補助する私立大学等経常費補助や、学術研究の振興、高等教育の高度化を推進するため、また私立大学等の研究施設、大型の教育研究装置の整備費について補助する教育研究装置施設整備費補助がある。

　しかし国や公共団体による私立学校に対する助成は、私立学校が憲法 89 条にいう「公の支配」に属するものであるか問題となる。私立学校が「公の支配」に属しないものとすれば、このような助成金は違憲となる。これについて私立学校が「公の支配」に属するか疑問であるとする説もある。しかし私立学校の予算が助成の目的に照らして不適当である場合には国が変更勧告を行うことや、定員を著しく超えて入学させた場合には是正命令が出されることなど、私立学校に対する国の監督権限があることから私立学校が「公の支配」に属するとする説もある。そして憲法 26 条・23 条などの総合的解釈を行うことで合憲とする説、政教分離の徹底を図るために慈善、教育、博愛の事業が宗教との関連性を持たないように公のコントロールが要求されているとする説もある。

第11講

地方自治

本講のねらい
・地方自治の基本原理について。
・地方公共団体の組織について。
・地方公共団体の権能にはどのようなものがあるか。
・特別法の住民投票、住民の参加の仕組みについて。

第1節　地方自治の基本原理

1　地方自治の本質

　地方自治とは、地方における政治、行政を国の行政から切り離し、地方の住民の意思と責任の下で地方行政を行うことである。大日本帝国憲法には地方自治に関する規定はなくすべて法律で定めていたが、地方自治の規定が日本国憲法に新たに定められた。

　イギリスの法学者・政治家である**ブライス**（James Bryce, 1838-1922）は、「地方自治は民主主義の学校である」という有名な言葉を残している。これは、地方自治こそが民主主義国家の基礎であり、権力を地方に分散させ、地方の政治は地方の住民自らの意思と責任で行わなければならないということを意味している。

　日本国憲法は、地方自治を憲法上の制度としてこれを保障している。第8章は、**地方自治の本旨**に基づく地方自治の尊重に関する92条、地方公共団体の首長および議会の議員などの公選制に関する93条2項、地方公共団体の**自治行政権**、**自治立法権**および**自治財政権**の保障に関する94条、そして**地方自治特別法**の制定についての**住民投票**に関する95条で構成されている。

　この憲法に保障される地方自治権の性格については様々な学説があるが、

それは、前国家的な権利として地方公共団体の持つ固有かつ不可侵の権利でも（固有権説）、国の統治権に由来し国家主権の一部が国の立法により譲渡されたにすぎないものでもなく（伝来説）、歴史的伝統的に確立された制度であり、地方自治権の本質的内容は国の立法によっても侵害されない権利であると解される（制度的保障説）。

2 地方自治の本旨

　憲法92条は地方自治の原則として、「地方公共団体の組織及び運営に関する事項は地方自治の本旨に基いて、法律でこれを定める」と規定している。この「地方自治の本旨」とは、地方自治の理念や意義を意味するが、それには2つの要素、すなわち**住民自治**と**団体自治**がある。

　住民自治とは、地方の政治や行政はその地方の住民の意思に従って行われるというものであり、そのため、憲法93条は住民の直接選挙により地方公共団体の首長・議会の議員を選出する旨を定める。

　団体自治とは、地方が1つの団体として国から独立した法人格を有し、自律権を持ち、その団体が自らの意思と責任の下で行うというもので、憲法94条に規定する各種の権能は、この団体自治の原則を保障したものである。

第2節　地方公共団体の意義および組織

1 地方公共団体の意義

　憲法92条では、地方公共団体の定義が明確ではなく、地方自治法が規定している。

　地方公共団体は、**普通地方公共団体**と**特別地方公共団体**に分けられ、普通地方公共団体としての都道府県および市町村、特別地方公共団体としての特別区、地方公共団体の組合および財産区が設置されている（地方自治法1条の3）。地方公共団体は法人格を有する（同2条1項）。

　憲法における地方公共団体の範囲について、学説は分かれているが、憲法上の地方公共団体とは、地方自治法上の地方公共団体のうち、普通地方公共団体（都道府県、市町村）をいう。

　憲法92条により、普通地方公共団体の組織・運営に関する事項は、地方自

治法等の法令によって定められている。

2 地方公共団体の首長

地方公共団体の首長は、住民による直接選挙により選出され (憲法93条2項)、都道府県に知事、市町村に市町村長をおく (地方自治法139条)。任期は共に4年である (同140条1項)。また、両者とも、兼職・兼業が禁止されており、衆議院議員または参議院議員、あるいは地方公共団体の議会の議員・常勤の職員・短時間勤務職員を兼ねることはできない (同141条)。被選挙権は、都道府県知事は、年齢満30年以上、市町村長は、満25年以上の国民から選出される (公職選挙法10条)。

普通地方公共団体の長の権限は、当該普通地方公共団体を統轄しこれを代表し (地方自治法147条)、当該普通地方公共団体の事務を管理・執行することである (同148条)。

首長の担任する事務は、普通地方公共団体の議会の議決を経るべき事件につきその議案を提出すること、予算を調製しおよびこれを執行すること、地方税を賦課徴収し、分担金使用料加入金または手数料を徴収しおよび過料を科すること、決算を普通地方公共団体の議会の認定に付すること、会計を監督すること、財産を取得し管理しおよび処分すること、公の施設を設置し管理しおよび廃止すること、証書および公文書類を保管すること等である (同149条)。

また、首長の補助機関として都道府県に副知事、市町村に副市町村長 (同161条)、都道府県と市町村に会計管理者 (168条) および職員をおくことができると定めている (同172条)。

3 地方公共団体の議会

普通地方公共団体には、議事機関として議会が設置され (憲法93条1項、地方自治法89条)、議会の議員は住民が直接選挙する (憲法93条2項、地方自治法11条)。

都道府県・市町村における議会の議員の定数は、地方公共団体の条例で定める (地方自治法90条・91条)。議員の任期は4年とし (同93条2項)、議員は、衆議院議員または参議院議員と地方公共団体常勤職員・短時間勤務職員等と

兼業・兼職ができない（同92条・92条の2）。

　議会は、条例の制定・改廃・予算の決定決算の認定などの重要事項に関する議決を行う（同96条）以外にも、執行機関の事務の管理・執行の検査（同98条）、事務に関する調査（同100条）などに関する権限を持つ。

　議会には、議長および副議長が各々1名置かれ（同103条）、条例により常任委員会・特別委員会を設置することができる（同109条）。なお、町村には、議会に代えて、選挙権を有する住民により構成される**総会**を設置することができる（同94条）。

4　首長と議会との関係

　地方公共団体の主要な機関には、執行機関としての首長と議事機関としての議会がある。それぞれ住民の直接選挙によって選出される。地方自治法は、議員の中から首長を選ぶという議院内閣制を採用しておらず、地方公共団体の首長と議員の兼職自体を禁止している。首長と議員は対等な立場である。

　地方公共団体の首長は、議会における条例の制定・改廃または予算の議決について異議がある場合には、その議決の日（条例の制定もしくは改廃または予算に関する議決についてはその送付を受けた日）から10日以内に理由を示してこれを再議に付することができる（同176条1項）。

　地方公共団体の議会は、首長に対して通常出席議員の4分の3以上の同意により不信任の議決を行うことができる。これに対し、首長は期間内に解散権を行使しない時、または解散後初めての議会において、出席議員の過半数の同意により再び不信任議決があった時は失職すると定めている（同178条）。

第3節　地方公共団体の権能

1　自治行政権

　憲法94条は、「地方公共団体は、その財産を管理し、事務を処理し、及び行政を執行する権能を有」すると定める。この規定は、地方自治の本旨を実現するために団体自治の原理を具体化し、地方公共団体の有する主要な権能を示したものである。地方公共団体が処理する事務には自治事務と法定受託事務がある。

地方分権の推進を図るための関係法律の整備等に関する法律（以下「地方分権一括法」と略称）の制定により、地方自治法も改正され、機関委任事務とその他の従来からの事務区分が廃止され、代わりに地方公共団体の事務は**自治事務**と**法定受託事務**に再編成された。

　(1) 自治事務　自治事務とは、地方公共団体が処理する事務のうち、法定受託事務以外のものをいう（地方自治法2条8項）。地方公共団体は、地域における事務およびその他の事務で、法律またはこれに基づく政令により処理することとされるものを処理する（同2条2項）。自治事務は、地方公共団体が自己の権限と責任において、地域の要請に応じて自主的に処理する事務を言う。

　前述の地方分権一括法制定に伴い地方自治法が改正されたが、これにより国・都道府県・市町村は対等な関係になり、国と都道府県および市町村との役割が明確にされることになった（同1条の2）。

　国の都道府県および市町村に対する関与または都道府県の市町村に対する関与については、できるだけ排除されており、特に自治事務に対する地方自治法に基づく関与は限定されている（同245条の2）。また、法律またはこれに基づく政令により処理することとされる事務が自治事務である場合においては、国は地方公共団体が地域の特性に応じて当該事務を処理することができるよう特に配慮しなければならないとされる（同2条13項）。

　(2) 法定受託事務　法定受託事務には2種類の事務があるが（同2条9項）、第一号法定受託事務は、法律またはこれに基づく政令により都道府県市町村または特別区が処理することとされる事務のうち、「国が本来果たすべき役割に係るものであつて、国においてその適正な処理を特に確保する必要があるもの」として法律等に特に定めるものを言う。

　第二号法定受託事務は、法律等により市町村または特別区が処理することとされる事務のうち、「都道府県が本来果たすべき役割に係るものであつて、都道府県においてその適正な処理を特に確保する必要があるもの」として法律等に特に定めるものを言う。

　第一号法定受託事務の例としては、国政選挙、旅券の交付、生活保護、国

道の管理、戸籍事務等がある。第二号法定受託事務の例としては、都道府県議会選挙・知事選挙に関し、市町村が処理することとされている事務等がある。

2　自治立法権―条例制定権

憲法94条は、「法律の範囲内で条例を制定することができる」と規定しており、地方公共団体には、**条例制定権**が認められている（同14条1項）。

条例には、地方公共団体の議会が制定する狭義の条例（地方自治法96条1項）のほか、地方公共団体の長の制定する規則（同15条1項）、普通地方公共団体の委員会の制定する規則（同138条の4第2項）がある。

条例制定権は自治事務に限られるが、「私有財産は、正当な補償の下に、これを公共のために用ひることができる」と定める憲法29条3項との関連において、財産権を、法律ではなく条例によってその内容を制限できるか否かにつき、最高裁は、公共の福祉の見地から条例による財産権の制限は許容されると判示している（奈良県ため池条例事件、最大判昭和38・6・26刑集17巻5号521頁）。

また、地方税を条例で定めることは、憲法84条が、「あらたに租税を課し、又は現行の租税を変更するには、法律又は法律の定める条件によることを必要とする」と定めており、**租税法律主義**に触れないかという問題について、地方公共団体が団体自治の理念を実現するには財政基盤の確立が必要でありこのために地方税を賦課・徴収する権限が認められると解されている。

憲法94条は、法律の範囲内で条例を制定することができると規定しているが、この範囲について、法令で定める規制基準よりも厳しい基準を定める、いわゆる**上乗せ条例**や、法令の規制対象外事項について規制を行う、いわゆる**横出し条例**が問題となるが、概ね許容されている。

条例違反に対しては、制裁として罰則を設けることができる。つまり、地方自治法14条3項では、条例に違反した者に対し2年以下の懲役もしくは禁錮、100万円以下の罰金、拘留、科料もしくは没収の刑、または5万円以下の過料を科する旨の規定を設けることができるとする。さらに、地方自治法15条2項は、「普通地方公共団体の長は、法令に特別の定めがあるものを除

くほか、普通地方公共団体の規則中に、規則に違反した者に対し、5万円以下の過料を科する旨の規定を設けることができる」と規定している。条例において罰則規定を設けることについては最高裁も許容している（最大判昭和37・5・30刑集16巻5号577頁）。

3 自治財政権

　地方公共団体は、事務を行うにあたっての財源を確保しなければならない。地方公共団体には、地方税や手数料や使用料などの自主財源が保障されているが、これだけでは足りず、地方債を発行したり、地方交付税、国庫支出金などの国からの財源によって不足分を補っている。

　自治財政権とは、地方公共団体がその自治権に基づいてその事務を処理するために必要な財源を調達・管理する権能を言う。地方公共団体が自主的な行政運営を行おうとする場合、財政的裏付けが不可欠である。

　地方公共団体には、憲法94条の条例制定権を根拠に課税権が認められている。地方自治法は、「普通地方公共団体は、法律の定めるところにより、地方税を賦課徴収することができる」と規定している（地方自治法223条）。さらに、地方税法は条例を定めた上で、「地方団体は、この法律の定めるところによつて、地方税を賦課徴収することができる」と規定している（地方税法2条）。

第4節　住民の政治参加の仕組み

1 地方自治特別法

　原則として法律案は、衆参両院の可決で成立するが（憲法59条1項）、その例外として、憲法95条は、一の地方公共団体のみに適用される特別法を制定する場合、衆参両院の議決に加え住民投票で過半数の同意を得なければ制定できないと定めている。

　これまでに住民投票を経た特別法の例としては、過去に19の法律が制定されている。たとえば、広島平和記念都市建設法（1949〔昭和24〕年）、首都建設法（1950〔昭和25〕年）、京都国際文化観光都市建設法（1950年）、軽井沢国際親善文化観光都市建設法（1951〔昭和26〕年）などがある。

2 直接請求

　住民自治が、住民の意思に基づいて行われるものであり、これを具体化するための地方公共団体の首長あるいは議会の議員を直接選挙する等の制度が設けられているが、さらに、民主主義的要素を実現するため、住民自治の原則に従った**直接請求**の制度がある。

　この直接請求の制度は地方自治法に規定があり、地方公共団体の住民が有権者総数の 50 分の 1 以上の連署により、条例の制定・改廃請求 (地方自治法 12 条 1 項・74 条〜74 条の 4)、事務の監査請求 (同 12 条 2 項・75 条) という制度が設けられている。

　また、有権者総数の 3 分の 1 以上の連署により、地方議会の解散請求 (同 13 条 1 項・76 条)、議員・首長・副知事・副市町村長・選挙管理委員・監査委員・公安委員会の委員役員の解職請求をすることができる (同 80 条・81 条・86 条)。

　さらに、住民は、当該普通地方公共団体の長・委員会・委員・職員について、違法・不当な公金の支出財産の取得・管理・処分、契約の締結・履行・債務その他の義務の負担があると認める時、または違法・不当に公金の賦課・徴収・財産の管理を怠る事実があると認める時には、**住民監査請求**を行うことができ (同 242 条)、この監査請求の結果に不服のある時は住民訴訟を提起することができる (同 242 条の 2)。

━━ コラム　住民投票 ━━

　住民投票について、憲法 95 条は地方自治特別法に対する住民投票、地方自治法は議会解散や議員・長の解職の直接請求による住民投票（地方自治法 76 条・78 条・80 条・81 条・83 条）、市町村の合併の特例に関する法律に規定する合併協議会の設置に関する住民投票（市町村の合併の特例に関する法律 4 条・5 条）、大都市地域における特別区の設置に関する法律に規定する特別区の設置に関する住民投票（大都市地域における特別区の設置に関する法律 7 条・8 条）が定められている。それ以外にも、特定の課題について住民の賛否を問うために、自治体が住民投票条例を制定した上で住民投票を行う例がある。

　地方自治法では地方公共団体の住民に対して有権者総数の 50 分の 1 以上の連署により、条例の制定・改廃請求が可能であると定めるが、住民投票を行うためにはその都度住民投票を行うための条例制定が必要となる。そのため、住民が署名を集めて住民投票条例の制定を求めても、議会がそれを否決してしまう例が多い。住民投票のテーマは、市町村合併の賛否を問う住民投票（条例・要綱等に基づく）319 件（合併について賛成多数 171 件、反対多数 138 件、不成立等 10 件）、合併の枠組みを問う住民投票（条例・要綱等に基づく）73 件が存在する。

　市町村合併以外の住民投票として、産業廃棄物処分場設置についてのものや、原子力発電所におけるプルサーマル計画受け入れの是非、可動堰建設計画の賛否、ヘリポート基地建設の是非、牧場誘致による牛舎建設の是非を問うものなどがある（2010 年 10 月総務省自治行政局住民制度課調べ。総務省 HP：https://www.soumu.go.jp/main_content/000087297.pdf）。

　なお、愛知県高浜市住民投票条例が制定されて以降、かなりの数の自治体において常設型住民投票条例が設けられており、各自治体において常設型住民投票条例制定のための調査研究が進められている。

憲法保障および憲法改正

本講のねらい
・憲法保障とは何か。
・正規的憲法保障（憲法内保障）の内容について。
・憲法に定めのない制度（憲法外保障）の内容について。

第1節　憲　法　保　障

1　憲法保障の概念

憲法保障（合憲性の統制）とは、国の最高法規である憲法の規範内容が、下位の法規範などにより侵害されたり、不当に変質させられることを事前に防止したり、事後に是正することによって、憲法秩序を存続させ、安定させることあるいは、その手段のことをいう。

憲法が規定する保障すなわち、**憲法内的保障**には、**事前的保障**と**事後的保障**がある。

事前的保障とは、権力分立をはじめとして、憲法秩序（規範内容）を擁護するために憲法自身に事前に対策を講じておくことである。憲法98条は憲法の最高法規性を宣言しており、憲法の規範内容が下位の法律以下の法規によって侵害されないように、最高法規に反する法規は効力を有しない旨を宣言する。この宣言によって憲法の規範内容を守るための抑止力が働くため、憲法が守られることになる。さらに憲法99条の**憲法尊重擁護義務**の規定や、憲法96条の改正手続が法律よりも厳格に定められていることも事前的保障の一環である。

このような事前的保障に加え、憲法81条は、事後的保障の制度である違憲立法審査制を設けている。

2 憲法保障の方法

憲法保障の方法は多様であるが、まず、平常時におけるものか非常時におけるものかにより、憲法自体が定める**正規的憲法保障**（憲法内保障、組織的保障）と、憲法自体に定めはないが、憲法の危機的状況に対応する、**非常手段的憲法保障**（憲法外保障、超法規的憲法保障、未組織的憲法保障）に分類することができる。

正規的憲法保障は、さらに、制度上の憲法保障を直接のねらいとしているか否かにより、直接的保障と間接的保障に、憲法侵犯を事前に防止することをねらいとしているか否かにより、**事前的保障**（予防的保障、実体的保障）と**事後的保障**に、保障形式が拘束力を持つものか否かにより、拘束的保障と諮問的保障に、保障機能の担い手が誰かにより、政治部門による保障、裁判所による保障、国民による保障、がある。

3 正規的憲法保障（憲法内的保障）

(1) 事前的保障（予防的保障）　事前的保障（**予防的保障**）とは、憲法で一定の制度をあらかじめ定めておくことにより、憲法を侵害する行為を予防するものである。具体的には、権力分立（憲法41条・65条・76条1項）、厳格な憲法改正手続（同96条）、最高法規性の宣言（同98条）、憲法尊重擁護義務（同99条）の定めがこれに該当する。

その例として、権力分立や公務員の**憲法尊重擁護義務**、ならびに厳格な憲法改正手続規定がある。①宣言的保障として、憲法が国家の最高法規であり、憲法に違反する行為は違憲無効であることをあらかじめ宣言することにより、憲法違反行為が行えないようにする、憲法の最高規範性の宣言がある（憲法98条1項）。また、立憲的意味の憲法における最も重要な規定である基本的人権の保障について、それが普遍的・永久的であることを宣言し、基本的人権のみならず憲法を侵害しないようにする基本的人権の普遍的・永久的の宣言がある（憲法11条および97条）。国政の運営にあたり、直接または間接に憲法の運用に関与する公務員に対し憲法尊重擁護義務を課すことにより、義務違反となる憲法侵害行為が不可能となる（憲法99条）。②容易に憲法を改正できないようにして、立法権（議会）による憲法に対する侵害行為を困難にさせ

る手続的保障として、硬性憲法がある。日本国憲法96条1項では、憲法改正に各議院で3分の2以上の国会議員の賛成と、国民投票で過半数の賛成を要求しており、憲法改正が困難となっている。③制度的保障（機構的保障）として、国家権力を分散させて、相互に均衡・抑制を図ることで、国家権力による憲法侵害行為が行われないようにする権力分立制がある。日本国憲法41条（立法権）、65条（行政権）、76条（司法権）や、地方自治制度を規定する第8章などの規定が該当する。

　(2) **事後的保障**（匡正的保障）　　事後的保障（匡正的保障）は、憲法を侵害する行為がなされた場合に、侵害されていない状態に回復させる手段を用意して、憲法を保障することであり、具体的な制度としては、違憲立法審査制がある。これは、裁判所に、憲法に違反する立法行為・行政行為等を無効とする権限を与えることによって、立法権・行政権による憲法違反の権力行使の効力を失わせて、憲法が侵害されない状況が回復できるようにする（憲法81条参照）。

4　憲法に定めのない制度（憲法外的保障）

　外国の侵入や内乱、大規模自然災害など、あるいは国家権力の著しい権力乱用により、国家や憲法秩序が重大な危機にさらされた場合、憲法秩序を回復するための制度がある。この憲法に定めのない制度を非常手段的憲法といい、この制度には、**抵抗権**（国民の権利）、**国家緊急権**（国家の権限）がある。

　すなわち、抵抗権は、国家による人間の尊厳に対する重大な不法に対する「国民の権利」であり、一方の国家緊急権は、国家が立憲的憲法秩序を一時停止して非常措置を取る国家の権限である。

　抵抗権とは、国家権力による権力濫用に対し、国民自らが実力をもってこれに抵抗し、憲法保障の回復を図る権利であり、**自然権**を基盤とする立憲民主主義憲法に内在する実定法上の権利である。人間の尊厳を確保するために、他に合法的な救済手段を用いることができなくなった場合に行使される。その根拠として、12条は権利の濫用を禁じており、また、97条は基本的人権を侵すことのできない永久の権利として国民に信託されており、抵抗権は、立憲主義的な憲法を擁護するというものである。その意味で革命権とは区別さ

れる。

　国家緊急権とは、戦争や内乱などが発生した場合、平常時とは異なる非常
事態に対応することができる統治機構と作用を行うための非常措置権である。
これにより、国家存立と憲法秩序の回復が可能となる。

　国家緊急権は、その濫用により、憲法秩序を破壊する可能性があり、非常
措置の種類や程度は、一時的かつ必要最小限のものでなければならない。

　国家緊急権を行使する場合、一般的に戒厳令（martial law）などを発するこ
とになる。わが国においては、大日本帝国憲法が、緊急命令（8条）、戒厳大
権（14条）、非常大権（31条）という国家緊急権に関する規定を定めていたが、
現在の日本国憲法には明文規定は存在しない。

第2節　憲法改正

1　概　　要

　憲法改正は憲法96条の規定に従って行うことができるが、現在まで一度
も改正されたことはない。また、日本国憲法は大日本帝国憲法を改正する形
で同憲法73条の規定に基づき成立したが、連合国による占領下において成
立したため改正を望む声が強い。そのため、国会内には憲法調査会（のちの憲
法審査会）が設置されているが活動は低調である。また、自由民主党をはじめ
様々な団体による憲法改正試案が出されている。

　憲法を改正する理由としては、憲法が占領下に制定されたことが、占領下
の憲法や法律の改正などを禁ずるハーグ陸戦条約附属書「陸戦ノ法規慣例ニ
関スル規則」第43条に違反するとの指摘がある。それゆえ、改憲論者は日本
国憲法を占領憲法であるとし、日本人による自主憲法制定を主張する。

　憲法改正のポイントは、1条に関し天皇の地位は象徴であるが憲法には国
家元首に関する規定がないこと、9条に関し戦力保持を明記し軍隊を保持す
るか自衛隊を自衛軍に改めるか否か、国家緊急権を明記するか、プライバ
シーの権利、環境権、自己決定権（死ぬ権利、リプロダクティブライツ）などの新
しい人権を法定化する等である。

2　日本国憲法第 96 条における改正手続

　憲法改正手続は、憲法 96 条が、「1 項　この憲法の改正は、各議院の総議員の 3 分の 2 以上の賛成で、国会が、これを発議し、国民に提案してその承認を経なければならない。この承認には、特別の国民投票又は国会の定める選挙の際行はれる投票において、その過半数の賛成を必要とする。2 項　憲法改正について前項の承認を経たときは、天皇は、国民の名で、この憲法と一体を成すものとして、直ちにこれを公布する」と定める。

　まず、衆議院・参議院両院の総議員の 3 分の 2 以上の賛成で発議され、国民に提案して過半数の賛成が必要となる。この意味で、日本国憲法は改正が難しい硬性憲法であることがわかる。憲法改正の具体的な手順については、2007 年に制定された「**日本国憲法の改正手続に関する法律**（国民投票法）」による。

3　日本国憲法の改正手続に関する法律（国民投票法）

　(1)　概　　要　　国民投票法は、憲法 96 条が憲法改正原案の提出手続、国民投票の投票権者や投票方法などについては何ら規定していないため成立したが、同法 1 条は、「この法律は、日本国憲法第 96 条に定める日本国憲法の改正（以下「憲法改正」という。）について、国民の承認に係る投票（以下「国民投票」という。）に関する手続を定めるとともに、あわせて憲法改正の発議に係る手続の整備を行うものとする」と定める。

　憲法改正案等の審査については、衆議院憲法審査会規程および参議院憲法審査会規程に基づき**憲法審査会**が行う。これらの法は共に 1 条で、「憲法審査会は、日本国憲法及び日本国憲法に密接に関連する基本法制について広範かつ総合的に調査を行い、日本国憲法の改正案の原案（以下「憲法改正原案」という。）、日本国憲法に係る改正の発議又は国民投票に関する法律案等を審査するものとする」と定める。

　(2)　憲法改正のための国民投票の流れ　　憲法を改正しようとする時には、国会議員により憲法改正案の原案が提案され、衆参各議院においてそれぞれ憲法審査会で審査された後、本会議に付される。両院それぞれの本会議にて 3 分の 2 以上の賛成で可決した場合、国会が憲法改正の発議を行い、国民に

提案したものとされる。

　また、憲法改正の発議をした日から起算して60日以後180日以内において、国会の議決した期日に国民投票が行われる。

　憲法改正のための国民投票の概要は、以下の通りである。①法律で定める一定数（衆議院100人以上、参議院50人以上）の国会議員の賛成により、憲法改正案の原案（憲法改正原案）が発議される。②憲法改正原案は、衆議院憲法審査会および参議院憲法審査会で審議され、衆議院本会議および参議院本会議にて3分の2以上の賛成で可決される。両院で可決した場合は、国会が憲法改正の発議を行い、国民に提案したものとされる。③国民投票の期日は、憲法改正の発議をした日から起算して60日以後180日以内において、国会の議決した期日に国民投票が行われる。④憲法改正案の内容を国民に周知するため、国民投票広報協議会（各議院の議員から委員を10人ずつ選任）が設置され、憲法改正案の内容や賛成・反対の意見、そのほか参考となる情報を掲載した国民投票公報の原稿作成、投票記載所に掲示する憲法改正案要旨の作成、憲法改正案などを広報するためのテレビやラジオ、新聞広告などを行う。また、総務大臣、中央選挙管理会、都道府県および市町村の選挙管理委員会は、国民投票の方法や国民投票運動の規制、そのほか国民投票の手続に関して必要な事項を国民に周知することとされる。⑤憲法改正案に対し、賛成または反対の投票をするよう、またはしないよう勧誘することを「国民投票運動」という。政党やその他の団体、マスコミ、個人などが、一定のルールの下に「国民投票運動」を行うことができる。たとえば、投票期日の14日前からは、国民投票広報協議会が行う広報のための放送を除き、テレビやラジオの広告放送は制限される。⑥投票は、国民投票にかかる憲法改正案ごとに、一人一票になる。投票用紙には、賛成の文字および反対の文字が印刷され、憲法改正案に対し賛成するときは賛成の文字を囲んで「〇（丸）」の記号を書き、反対するときは反対の文字を囲んで「〇（丸）」の記号を書き、投票箱に投函する。また、選挙の投票と同じく、期日前投票（投票期日の14日前から）や不在者投票、在外投票などが認められている。⑦憲法改正案に対する賛成の投票の数が投票総数（賛成の投票の数および反対の投票の数を合計した数）の2分の1を

超えた場合は、国民の承認があったものとなり、内閣総理大臣は直ちに憲法改正の公布のための手続を執る。⑧国民投票の結果を官報で告示する」、という手順を取る（政府広報オンライン https://www.gov-online.go.jp/useful/article/200802/3.html）。

コラム　自由民主党憲法改正草案の概要

　世界の国々は、時代の要請に即した形で憲法を改正し、新たな課題に対応している。主要国における、戦後の改正回数は、アメリカが６回（修正条項として）、フランスが27回、イタリアは15回、ドイツは58回も憲法改正を行っているが、日本は憲法改正条項があるにもかかわらず、制定後一度も改正していない。

　そのため、自由民主党は、2012年４月「日本国憲法改正草案」を発表し、10月には、その趣旨や内容を解説した「日本国憲法改正草案　Q&A」を公表した。この日本国憲法改正草案は、前文から補則まで現行憲法のすべての条項を見直し、全体で11章、110カ条の構成としている。この憲法改正草案が国民投票によって成立すれば、戦後初めての憲法改正であり、まさに日本国民自らの手で作った真の自主憲法となる。草案は、前文のすべてを書き換え、日本の歴史や文化、和を尊び家族や社会が互いに助け合って国家が成り立っていることなどを述べている。

　主要な改正点になどについては、国旗・国歌の規定、自衛権の明記や緊急事態条項の新設、家族の尊重、環境保全の責務、財政の健全性の確保、憲法改正発議要件の緩和など、時代の要請、新たな課題に対応した憲法改正草案となっている。

　（参考：自民党憲法改正推進本部 HP　https://constitution.jimin.jp/document/draft/）

参 考 文 献

第 1 部

碧海純一『新版法哲学概論〔全訂第 2 版補正版〕』（弘文堂　2000 年）

浅野裕司・野口明宏『現代基礎法学』（八千代出版　2000 年）

伊藤真『伊藤真の法学入門〔補訂版〕』（日本評論社　2017 年）

伊藤正己『近代法の常識〔第 3 版〕』（有信堂　1992 年）

伊藤正己『憲法〔新版〕』（弘文堂　1990 年）

伊藤正己・加藤一郎編『現代法学入門〔第 4 版〕』（有斐閣　2005 年）

今村成和・小山昇編『法学』（有斐閣　1965 年）

岩沢雄司『国際法』（東京大学出版会　2020 年）

上原行雄「悪法も法か」『一橋論叢』（第 79 巻 4 号 473 頁　1978 年）

大谷實編著『エッセンシャル法学〔第 5 版〕』（成文堂　2010 年）

大塚桂編著『法学への架橋』（成文堂　2002 年）

大塚直『環境法〔第 2 版〕』（有斐閣　2002 年）

小野幸二・高岡信男編『法律用語辞典〔第 4 版〕』（法学書院　2010 年）

小林敬和他『新版法学レクチャー』（啓文堂　1996 年）

齋藤信宰編著『現代社会における法学入門〔第 2 版〕』（成文堂　2010 年）

佐伯宣親・高乗正臣・奥村文男編著『プラクティス法学実践教室 I 《法学・民法・
　刑法編》』（成文堂　2002 年）

佐伯宣親ほか編『現代法学と憲法』（成文堂　1999 年）

佐藤幸治『憲法〔第 3 版〕』（青林書院　1995 年）

茂野隆晴編『プライマリー法学―日本法のシステム―』（芦書房　2008 年）

ジュリスト増刊『憲法の争点』（有斐閣　2008 年）

末川博編『法学入門〔第 6 版補訂版〕』（有斐閣双書　2014 年）

杉山嘉尚・和知賢太郎『現代法学概論』（南窓社　1990 年）

関口雅夫・西修『法学・憲法』（方円書林　1985 年）

善家幸敏『法学概論』（成文堂　1968 年）

高梨公之『法学〔全訂版〕』（八千代出版　1995 年）

高乗正臣・奥村文男編『プラクティス法学実践教室 I 《法学・民法・刑法編》〔第 5
　版〕』（成文堂　2015 年）

高橋和之ほか編『法律学小辞典〔第 5 版〕』（有斐閣　2016 年）

瀧川裕英・宇佐美誠・大屋雄裕『法哲学』(有斐閣　2014年)

竹下賢「法の妥当と規範性」『法哲学年報』(1977巻　日本法哲学会　1978年)

田中成明『現代法理論』(有斐閣　1984年)

田中成明『現代法理学』(有斐閣　2011年)

田中成明『法学入門〔新版〕』(有斐閣　2016年)

田中成明編『現代理論法学入門』(法律文化社　1993年)

団藤重光『法学の基礎〔第2版〕』(有斐閣　2007年)

戸倉広「古代法と近代法との比較」『比較法制研究』(6　國士舘大學比較法制研究
　　所　1982年)

中谷和弘・植木俊哉・河野真理子・森田章夫・山本良『国際法〔第3版〕』(有斐閣
　　2016年)

名雪健二編著『公法基礎入門〔改訂増補第2版〕』(八千代出版　2015年)

新田浩司・金光寛之編著『ファンダメンタル法学・憲法』(税務経理協会　2013年)

西野喜一『裁判員制度の正体』(講談社　2007年)

林修三『法令解釈の常識〔第3版〕』(日本評論社　1975年)

平野仁彦・亀本洋・服部高宏『法哲学』(有斐閣　2002年)

広岡隆『法と社会』(ミネルヴァ書房　2002年)

平和基金会　FRAGILE STATES INDEX ANNUAL REPORT 2020
　　(https://fragilestatesindex.org/wp-content/uploads/2020/05/fsi2020-report.pdf)

法制執務用語研究会『条文の読み方』(有斐閣　2012年)

町田実秀『法学』(有信堂　1956年)

松井芳郎・佐分晴夫・坂元茂樹・小畑郁・松田竹男・田中則夫・岡田泉・薬師寺公
　　夫『国際法〔第5版〕』(有斐閣　2007年)

三ケ月章『法律学講座双書　法学入門』(弘文堂　1982年)

南野森編『ブリッジブック法学入門　第2版』(信山社　2013年)

山川一陽著『物権法講義〔第2版〕』(日本評論社　1994年)

山口嘉三・大久保治男編『法学要説〔第3版〕』(芦書房　2006年)

山田晟『法学〔新版〕』(東京大学出版会　1964年)

第2部

芦部信喜著、高橋和之補訂『憲法〔第7版〕』(岩波書店　2019年)

芦部信喜監修、野中俊彦・戸松秀典・江橋崇・高橋和之・高見勝利・浦部法穂編集
　　『注釈憲法(1)—総説／上論／題名／前文／第1条〜第9条』(有斐閣　2000年)

安西文雄他編著『憲法学読本　第2版』（有斐閣　2014年）

浦田一郎編『政府の憲法九条解釈　内閣法制局資料と解説』（信山社　2013年）

浦部法穂『憲法学教室　全訂第2版』（日本評論社　2006年）

木下智史・只野雅人編『新・コンメンタール憲法』（日本評論社　2015年）

清宮四郎『法律学全集3　憲法Ⅰ〔新版〕』（有斐閣　1971年）

葛原和三「朝鮮戦争と警察予備隊─米極東軍が日本の防衛力形成に及ぼした影響について─」『防衛研究所紀要』（第8巻第3号　2006年）

小嶋和司『憲法概説』（信山社　2004年）

佐々木髙雄「戦力と自衛隊」ジュリスト増刊『新・法律学の争点シリーズ3　憲法の争点』（有斐閣　2008年）

佐藤幸治『憲法〔第3版〕』（青林書院　1995年）

佐藤幸治『日本国憲法論』（成文堂　2011年）

篠田英朗『憲法学の病』（新潮新書　2019年）

渋谷秀樹『憲法〔第3版〕』（有斐閣　2017年）

渋谷秀樹・赤坂正浩『憲法2　統治』（有斐閣　2016年）

清水伸編著『逐条日本国憲法審議録第2巻』（有斐閣　1962年）

清水伸編著『逐条日本国憲法審議録第3巻』（有斐閣　1962年）

初宿正典・辻村みよ子編『新　解説世界憲法集〔第5版〕』（三省堂　2020年）

高橋和之『立憲主義と日本国憲法〔第5版〕』（有斐閣　2020年）

高柳賢三ほか編著『日本国憲法制定の過程Ⅰ　原文と翻訳』（有斐閣　1972年）

竹花光範『憲法学要論〔補訂版〕』（成文堂　1998年）

名雪健二『日本国憲法』（有信堂　2002年）

野中俊彦・中村睦男・高橋和之・高見勝利『憲法Ⅰ〔第5版〕』（有斐閣　2012年）

野中俊彦・中村睦男・高橋和之・高見勝利『憲法Ⅱ〔第5版〕』（有斐閣　2012年）

橋本基弘『日本国憲法を学ぶ〔第2版〕』（中央経済社　2019年）

長谷部恭男『新法学ライブラリ＝2　憲法〔第7版〕』（新世社　2018年）

長谷部恭男編『注釈日本国憲法（2）』（有斐閣　2017年）

長谷部恭男編『注釈日本国憲法（3）』（有斐閣　2020年）

夜久仁『憲法と国家予算の理論』（第一法規　2016年）

山中永之佑ほか編『新・資料で考える憲法』（法律文化社　2012年）

日本国憲法

昭和 21 年 11 月 3 日　公布
昭和 22 年 5 月 3 日　施行

朕は、日本国民の総意に基いて、新日本建設の礎が、定まるに至つたことを、深くよろこび、枢密顧問の諮詢及び帝国憲法第73条による帝国議会の議決を経た帝国憲法の改正を裁可し、ここにこれを公布せしめる。

御名御璽

昭和 21 年 11 月 3 日

内閣総理大臣兼外務大臣	吉　田　　　茂
国務大臣　　男爵	幣原喜重郎
司法大臣	木村篤太郎
内務大臣	大 村 清 一
文部大臣	田中耕太郎
農林大臣	和 田 博 雄
国務大臣	齋 藤 隆 夫
逓信大臣	一 松 定 吉
商工大臣	星 島 二 郎
厚生大臣	河 合 良 成
国務大臣	植原悦二郎
運輸大臣	平塚常次郎
大蔵大臣	石 橋 湛 山
国務大臣	金森徳次郎
国務大臣	膳 桂 之 助

日本国憲法

　日本国民は、正当に選挙された国会における代表者を通じて行動し、われらとわれらの子孫のために、諸国民との協和による成果と、わが国全土にわたつて自由のもたらす恵沢を確保し、政府の行為によつて再び戦争の惨禍が起ることのないやうにすることを決意し、ここに主権が国民に存することを宣言し、この憲法を確定する。そもそも国政は、国民の厳粛な信託によるものであつて、その権威は国民に由来し、その権力は国民の代表者がこれを行使し、その福利は国民がこれを享受する。これは人類普遍の原理であり、この憲法は、かかる原理に基くものである。われらは、これに反する一切の憲法、法令及び詔勅を排除する。

　日本国民は、恒久の平和を念願し、人間相互の関係を支配する崇高な理想を深く自覚するのであつて、平和を愛する諸国民の公正と信義に信頼して、われらの安全と生存を保持しようと決意した。われらは、平和を維持し、専制と隷従、圧迫と偏狭を地上から永遠に除去しようと努めてゐる国際社会において、名誉ある地位を占めたいと思ふ。われらは、全世界の国民が、ひとしく恐怖と欠乏から免かれ、平和のうちに生存する権利を有することを確認する。

　われらは、いづれの国家も、自国のことのみに専念して他国を無視してはならないのであつて、政治道徳の法則は、普遍的なものであり、この法則に従ふことは、自国の主権を維持し、他国と対等関係に立たうとする各国の責務であると信ずる。

　日本国民は、国家の名誉にかけ、全力をあげてこの崇高な理想と目的を達成することを誓ふ。

第 1 章　天　皇

第 1 条　天皇は、日本国の象徴であり日本国民統合の象徴であつて、この地位は、主権の存する日本国民の総意に基く。

第 2 条　皇位は、世襲のものであつて、国会の議決した皇室典範の定めるところにより、これを継承する。

第 3 条　天皇の国事に関するすべての行為には、内閣の助言と承認を必要とし、内閣が、その責任を負ふ。

第 4 条　天皇は、この憲法の定める国事に

関する行為のみを行ひ、国政に関する権能を有しない。

② 天皇は、法律の定めるところにより、その国事に関する行為を委任することができる。

第5条 皇室典範の定めるところにより摂政を置くときは、摂政は、天皇の名でその国事に関する行為を行ふ。この場合には、前条第1項の規定を準用する。

第6条 天皇は、国会の指名に基いて、内閣総理大臣を任命する。

② 天皇は、内閣の指名に基いて、最高裁判所の長たる裁判官を任命する。

第7条 天皇は、内閣の助言と承認により、国民のために、左の国事に関する行為を行ふ。

　一 憲法改正、法律、政令及び条約を公布すること。

　二 国会を召集すること。

　三 衆議院を解散すること。

　四 国会議員の総選挙の施行を公示すること。

　五 国務大臣及び法律の定めるその他の官吏の任免並びに全権委任状及び大使及び公使の信任状を認証すること。

　六 大赦、特赦、減刑、刑の執行の免除及び復権を認証すること。

　七 栄典を授与すること。

　八 批准書及び法律の定めるその他の外交文書を認証すること。

　九 外国の大使及び公使を接受すること。

　十 儀式を行ふこと。

第8条 皇室に財産を譲り渡し、又は皇室が、財産を譲り受け、若しくは賜与することは、国会の議決に基かなければならない。

第2章　戦争の放棄

第9条 日本国民は、正義と秩序を基調とする国際平和を誠実に希求し、国権の発動たる戦争と、武力による威嚇又は武力の行使は、国際紛争を解決する手段としては、永久にこれを放棄する。

② 前項の目的を達するため、陸海空軍その他の戦力は、これを保持しない。国の交戦権は、これを認めない。

第3章　国民の権利及び義務

第10条 日本国民たる要件は、法律でこれを定める。

第11条 国民は、すべての基本的人権の享有を妨げられない。この憲法が国民に保障する基本的人権は、侵すことのできない永久の権利として、現在及び将来の国民に与へられる。

第12条 この憲法が国民に保障する自由及び権利は、国民の不断の努力によつて、これを保持しなければならない。又、国民は、これを濫用してはならないのであつて、常に公共の福祉のためにこれを利用する責任を負ふ。

第13条 すべて国民は、個人として尊重される。生命、自由及び幸福追求に対する国民の権利については、公共の福祉に反しない限り、立法その他の国政の上で、最大の尊重を必要とする。

第14条 すべて国民は、法の下に平等であつて、人種、信条、性別、社会的身分又は門地により、政治的、経済的又は社会的関係において、差別されない。

② 華族その他の貴族の制度は、これを認めない。

③ 栄誉、勲章その他の栄典の授与は、いかなる特権も伴はない。栄典の授与は、現にこれを有し、又は将来これを受ける者の一代に限り、その効力を有する。

第15条 公務員を選定し、及びこれを罷免することは、国民固有の権利である。

② すべて公務員は、全体の奉仕者であつて、一部の奉仕者ではない。

③ 公務員の選挙については、成年者による普通選挙を保障する。

④ すべて選挙における投票の秘密は、これを侵してはならない。選挙人は、その選択に関し公的にも私的にも責任を問はれない。

第16条　何人も、損害の救済、公務員の罷免、法律、命令又は規則の制定、廃止又は改正その他の事項に関し、平穏に請願する権利を有し、何人も、かかる請願をしたためにいかなる差別待遇も受けない。

第17条　何人も、公務員の不法行為により、損害を受けたときは、法律の定めるところにより、国又は公共団体に、その賠償を求めることができる。

第18条　何人も、いかなる奴隷的拘束も受けない。又、犯罪に因る処罰の場合を除いては、その意に反する苦役に服させられない。

第19条　思想及び良心の自由は、これを侵してはならない。

第20条　信教の自由は、何人に対してもこれを保障する。いかなる宗教団体も、国から特権を受け、又は政治上の権力を行使してはならない。

②　何人も、宗教上の行為、祝典、儀式又は行事に参加することを強制されない。

③　国及びその機関は、宗教教育その他いかなる宗教的活動もしてはならない。

第21条　集会、結社及び言論、出版その他一切の表現の自由は、これを保障する。

②　検閲は、これをしてはならない。通信の秘密は、これを侵してはならない。

第22条　何人も、公共の福祉に反しない限り、居住、移転及び職業選択の自由を有する。

②　何人も、外国に移住し、又は国籍を離脱する自由を侵されない。

第23条　学問の自由は、これを保障する。

第24条　婚姻は、両性の合意のみに基いて成立し、夫婦が同等の権利を有することを基本として、相互の協力により、維持されなければならない。

②　配偶者の選択、財産権、相続、住居の選定、離婚並びに婚姻及び家族に関するその他の事項に関しては、法律は、個人の尊厳と両性の本質的平等に立脚して、制定されなければならない。

第25条　すべて国民は、健康で文化的な最低限度の生活を営む権利を有する。

②　国は、すべての生活部面について、社会福祉、社会保障及び公衆衛生の向上及び増進に努めなければならない。

第26条　すべて国民は、法律の定めるところにより、その能力に応じて、ひとしく教育を受ける権利を有する。

②　すべて国民は、法律の定めるところにより、その保護する子女に普通教育を受けさせる義務を負ふ。義務教育は、これを無償とする。

第27条　すべて国民は、勤労の権利を有し、義務を負ふ。

②　賃金、就業時間、休息その他の勤労条件に関する基準は、法律でこれを定める。

③　児童は、これを酷使してはならない。

第28条　勤労者の団結する権利及び団体交渉その他の団体行動をする権利は、これを保障する。

第29条　財産権は、これを侵してはならない。

②　財産権の内容は、公共の福祉に適合するやうに、法律でこれを定める。

③　私有財産は、正当な補償の下に、これを公共のために用ひることができる。

第30条　国民は、法律の定めるところにより、納税の義務を負ふ。

第31条　何人も、法律の定める手続によらなければ、その生命若しくは自由を奪はれ、又はその他の刑罰を科せられない。

第32条　何人も、裁判所において裁判を受ける権利を奪はれない。

第33条　何人も、現行犯として逮捕される場合を除いては、権限を有する司法官憲が発し、且つ理由となつてゐる犯罪を明示する令状によらなければ、逮捕されない。

第34条　何人も、理由を直ちに告げられ、且つ、直ちに弁護人に依頼する権利を与へられなければ、抑留又は拘禁されない。又、何人も、正当な理由がなければ、拘禁されず、要求があれば、その理由は、

直ちに本人及びその弁護人の出席する公開の法廷で示されなければならない。

第35条 何人も、その住居、書類及び所持品について、侵入、捜索及び押収を受けることのない権利は、第33条の場合を除いては、正当な理由に基いて発せられ、且つ捜索する場所及び押収する物を明示する令状がなければ、侵されない。

② 捜索又は押収は、権限を有する司法官憲が発する各別の令状により、これを行ふ。

第36条 公務員による拷問及び残虐な刑罰は、絶対にこれを禁ずる。

第37条 すべて刑事事件においては、被告人は、公平な裁判所の迅速な公開裁判を受ける権利を有する。

② 刑事被告人は、すべての証人に対して審問する機会を充分に与へられ、又、公費で自己のために強制的手続により証人を求める権利を有する。

③ 刑事被告人は、いかなる場合にも、資格を有する弁護人を依頼することができる。被告人が自らこれを依頼することができないときは、国でこれを附する。

第38条 何人も、自己に不利益な供述を強要されない。

② 強制、拷問若しくは脅迫による自白又は不当に長く抑留若しくは拘禁された後の自白は、これを証拠とすることができない。

③ 何人も、自己に不利益な唯一の証拠が本人の自白である場合には、有罪とされ、又は刑罰を科せられない。

第39条 何人も、実行の時に適法であつた行為又は既に無罪とされた行為については、刑事上の責任を問はれない。又、同一の犯罪について、重ねて刑事上の責任を問はれない。

第40条 何人も、抑留又は拘禁された後、無罪の裁判を受けたときは、法律の定めるところにより、国にその補償を求めることができる。

第4章 国 会

第41条 国会は、国権の最高機関であつて、国の唯一の立法機関である。

第42条 国会は、衆議院及び参議院の両議院でこれを構成する。

第43条 両議院は、全国民を代表する選挙された議員でこれを組織する。

② 両議院の議員の定数は、法律でこれを定める。

第44条 両議院の議員及びその選挙人の資格は、法律でこれを定める。但し、人種、信条、性別、社会的身分、門地、教育、財産又は収入によつて差別してはならない。

第45条 衆議院議員の任期は、4年とする。但し、衆議院解散の場合には、その期間満了前に終了する。

第46条 参議院議員の任期は、6年とし、3年ごとに議員の半数を改選する。

第47条 選挙区、投票の方法その他両議院の議員の選挙に関する事項は、法律でこれを定める。

第48条 何人も、同時に両議院の議員たることはできない。

第49条 両議院の議員は、法律の定めるところにより、国庫から相当額の歳費を受ける。

第50条 両議院の議員は、法律の定める場合を除いては、国会の会期中逮捕されず、会期前に逮捕された議員は、その議院の要求があれば、会期中これを釈放しなければならない。

第51条 両議院の議員は、議院で行つた演説、討論又は表決について、院外で責任を問はれない。

第52条 国会の常会は、毎年1回これを召集する。

第53条 内閣は、国会の臨時会の召集を決定することができる。いづれかの議院の総議員の4分の1以上の要求があれば、内閣は、その召集を決定しなければならない。

第54条　衆議院が解散されたときは、解散の日から40日以内に、衆議院議員の総選挙を行ひ、その選挙の日から30日以内に、国会を召集しなければならない。

② 衆議院が解散されたときは、参議院は、同時に閉会となる。但し、内閣は、国に緊急の必要があるときは、参議院の緊急集会を求めることができる。

③ 前項但書の緊急集会において採られた措置は、臨時のものであつて、次の国会開会の後10日以内に、衆議院の同意がない場合には、その効力を失ふ。

第55条　両議院は、各々その議員の資格に関する争訟を裁判する。但し、議員の議席を失はせるには、出席議員の3分の2以上の多数による議決を必要とする。

第56条　両議院は、各々その総議員の3分の1以上の出席がなければ、議事を開き議決することができない。

② 両議院の議事は、この憲法に特別の定のある場合を除いては、出席議員の過半数でこれを決し、可否同数のときは、議長の決するところによる。

第57条　両議院の会議は、公開とする。但し、出席議員の3分の2以上の多数で議決したときは、秘密会を開くことができる。

② 両議院は、各々その会議の記録を保存し、秘密会の記録の中で特に秘密を要すると認められるもの以外は、これを公表し、且つ一般に頒布しなければならない。

③ 出席議員の5分の1以上の要求があれば、各議員の表決は、これを会議録に記載しなければならない。

第58条　両議院は、各々その議長その他の役員を選任する。

② 両議院は、各々その会議その他の手続及び内部の規律に関する規則を定め、又、院内の秩序をみだした議員を懲罰することができる。但し、議員を除名するには、出席議員の3分の2以上の多数による議決を必要とする。

第59条　法律案は、この憲法に特別の定のある場合を除いては、両議院で可決したとき法律となる。

② 衆議院で可決し、参議院でこれと異なつた議決をした法律案は、衆議院で出席議員の3分の2以上の多数で再び可決したときは、法律となる。

③ 前項の規定は、法律の定めるところにより、衆議院が、両議院の協議会を開くことを求めることを妨げない。

④ 参議院が、衆議院の可決した法律案を受け取つた後、国会休会中の期間を除いて60日以内に、議決しないときは、衆議院は、参議院がその法律案を否決したものとみなすことができる。

第60条　予算は、さきに衆議院に提出しなければならない。

② 予算について、参議院で衆議院と異なつた議決をした場合に、法律の定めるところにより、両議院の協議会を開いても意見が一致しないとき、又は参議院が、衆議院の可決した予算を受け取つた後、国会休会中の期間を除いて30日以内に、議決しないときは、衆議院の議決を国会の議決とする。

第61条　条約の締結に必要な国会の承認については、前条第2項の規定を準用する。

第62条　両議院は、各々国政に関する調査を行ひ、これに関して、証人の出頭及び証言並びに記録の提出を要求することができる。

第63条　内閣総理大臣その他の国務大臣は、両議院の一に議席を有すると有しないとにかかはらず、何時でも議案について発言するため議院に出席することができる。又、答弁又は説明のため出席を求められたときは、出席しなければならない。

第64条　国会は、罷免の訴追を受けた裁判官を裁判するため、両議院の議員で組織する弾劾裁判所を設ける。

② 弾劾に関する事項は、法律でこれを定める。

第5章　内　閣

第65条　行政権は、内閣に属する。

第66条　内閣は、法律の定めるところにより、その首長たる内閣総理大臣及びその他の国務大臣でこれを組織する。

② 内閣総理大臣その他の国務大臣は、文民でなければならない。

③ 内閣は、行政権の行使について、国会に対し連帯して責任を負ふ。

第67条　内閣総理大臣は、国会議員の中から国会の議決で、これを指名する。この指名は、他のすべての案件に先だつて、これを行ふ。

② 衆議院と参議院とが異なつた指名の議決をした場合に、法律の定めるところにより、両議院の協議会を開いても意見が一致しないとき、又は衆議院が指名の議決をした後、国会休会中の期間を除いて10日以内に、参議院が、指名の議決をしないときは、衆議院の議決を国会の議決とする。

第68条　内閣総理大臣は、国務大臣を任命する。但し、その過半数は、国会議員の中から選ばれなければならない。

② 内閣総理大臣は、任意に国務大臣を罷免することができる。

第69条　内閣は、衆議院で不信任の決議案を可決し、又は信任の決議案を否決したときは、10日以内に衆議院が解散されない限り、総辞職をしなければならない。

第70条　内閣総理大臣が欠けたとき、又は衆議院議員総選挙の後に初めて国会の召集があつたときは、内閣は、総辞職をしなければならない。

第71条　前2条の場合には、内閣は、あらたに内閣総理大臣が任命されるまで引き続きその職務を行ふ。

第72条　内閣総理大臣は、内閣を代表して議案を国会に提出し、一般国務及び外交関係について国会に報告し、並びに行政各部を指揮監督する。

第73条　内閣は、他の一般行政事務の外、左の事務を行ふ。

一　法律を誠実に執行し、国務を総理すること。

二　外交関係を処理すること。

三　条約を締結すること。但し、事前に、時宜によつては事後に、国会の承認を経ることを必要とする。

四　法律の定める基準に従ひ、官吏に関する事務を掌理すること。

五　予算を作成して国会に提出すること。

六　この憲法及び法律の規定を実施するために、政令を制定すること。但し、政令には、特にその法律の委任がある場合を除いては、罰則を設けることができない。

七　大赦、特赦、減刑、刑の執行の免除及び復権を決定すること。

第74条　法律及び政令には、すべて主任の国務大臣が署名し、内閣総理大臣が連署することを必要とする。

第75条　国務大臣は、その在任中、内閣総理大臣の同意がなければ、訴追されない。但し、これがため、訴追の権利は、害されない。

第6章　司　法

第76条　すべて司法権は、最高裁判所及び法律の定めるところにより設置する下級裁判所に属する。

② 特別裁判所は、これを設置することができない。行政機関は、終審として裁判を行ふことができない。

③ すべて裁判官は、その良心に従ひ独立してその職権を行ひ、この憲法及び法律にのみ拘束される。

第77条　最高裁判所は、訴訟に関する手続、弁護士、裁判所の内部規律及び司法事務処理に関する事項について、規則を定める権限を有する。

② 検察官は、最高裁判所の定める規則に従はなければならない。

③ 最高裁判所は、下級裁判所に関する規則を定める権限を、下級裁判所に委任す

ることができる。

第78条　裁判官は、裁判により、心身の
故障のために職務を執ることができない
と決定された場合を除いては、公の弾劾
によらなければ罷免されない。裁判官の
懲戒処分は、行政機関がこれを行ふこと
はできない。

第79条　最高裁判所は、その長たる裁判
官及び法律の定める員数のその他の裁判
官でこれを構成し、その長たる裁判官以
外の裁判官は、内閣でこれを任命する。

②　最高裁判所の裁判官の任命は、その任
命後初めて行はれる衆議院議員総選挙の
際国民の審査に付し、その後10年を経
過した後初めて行はれる衆議院議員総選
挙の際更に審査に付し、その後も同様と
する。

③　前項の場合において、投票者の多数が
裁判官の罷免を可とするときは、その裁
判官は、罷免される。

④　審査に関する事項は、法律でこれを定
める。

⑤　最高裁判所の裁判官は、法律の定める
年齢に達した時に退官する。

⑥　最高裁判所の裁判官は、すべて定期に
相当額の報酬を受ける。この報酬は、在
任中、これを減額することができない。

第80条　下級裁判所の裁判官は、最高裁
判所の指名した者の名簿によつて、内閣
でこれを任命する。その裁判官は、任期
を10年とし、再任されることができる。
但し、法律の定める年齢に達した時には
退官する。

②　下級裁判所の裁判官は、すべて定期に
相当額の報酬を受ける。この報酬は、在
任中、これを減額することができない。

第81条　最高裁判所は、一切の法律、命
令、規則又は処分が憲法に適合するかし
ないかを決定する権限を有する終審裁判
所である。

第82条　裁判の対審及び判決は、公開法
廷でこれを行ふ。

②　裁判所が、裁判官の全員一致で、公の
秩序又は善良の風俗を害する虞があると
決した場合には、対審は、公開しないで
これを行ふことができる。但し、政治犯
罪、出版に関する犯罪又はこの憲法第3
章で保障する国民の権利が問題となつて
ゐる事件の対審は、常にこれを公開しな
ければならない。

第7章　財　政

第83条　国の財政を処理する権限は、国
会の議決に基いて、これを行使しなけれ
ばならない。

第84条　あらたに租税を課し、又は現行
の租税を変更するには、法律又は法律の
定める条件によることを必要とする。

第85条　国費を支出し、又は国が債務を
負担するには、国会の議決に基くことを
必要とする。

第86条　内閣は、毎会計年度の予算を作
成し、国会に提出して、その審議を受け
議決を経なければならない。

第87条　予見し難い予算の不足に充てる
ため、国会の議決に基いて予備費を設け、
内閣の責任でこれを支出することができ
る。

②　すべて予備費の支出については、内閣
は、事後に国会の承諾を得なければなら
ない。

第88条　すべて皇室財産は、国に属する。
すべて皇室の費用は、予算に計上して国
会の議決を経なければならない。

第89条　公金その他の公の財産は、宗教
上の組織若しくは団体の使用、便益若し
くは維持のため、又は公の支配に属しな
い慈善、教育若しくは博愛の事業に対し、
これを支出し、又はその利用に供しては
ならない。

第90条　国の収入支出の決算は、すべて
毎年会計検査院がこれを検査し、内閣は、
次の年度に、その検査報告とともに、こ
れを国会に提出しなければならない。

②　会計検査院の組織及び権限は、法律で
これを定める。

第91条　内閣は、国会及び国民に対し、定期に、少くとも毎年1回、国の財政状況について報告しなければならない。

第8章　地方自治

第92条　地方公共団体の組織及び運営に関する事項は、地方自治の本旨に基いて、法律でこれを定める。

第93条　地方公共団体には、法律の定めるところにより、その議事機関として議会を設置する。

②　地方公共団体の長、その議会の議員及び法律の定めるその他の吏員は、その地方公共団体の住民が、直接これを選挙する。

第94条　地方公共団体は、その財産を管理し、事務を処理し、及び行政を執行する権能を有し、法律の範囲内で条例を制定することができる。

第95条　一の地方公共団体のみに適用される特別法は、法律の定めるところにより、その地方公共団体の住民の投票においてその過半数の同意を得なければ、国会は、これを制定することができない。

第9章　改正

第96条　この憲法の改正は、各議院の総議員の3分の2以上の賛成で、国会が、これを発議し、国民に提案してその承認を経なければならない。この承認には、特別の国民投票又は国会の定める選挙の際行はれる投票において、その過半数の賛成を必要とする。

②　憲法改正について前項の承認を経たときは、天皇は、国民の名で、この憲法と一体を成すものとして、直ちにこれを公布する。

第10章　最高法規

第97条　この憲法が日本国民に保障する基本的人権は、人類の多年にわたる自由獲得の努力の成果であつて、これらの権利は、過去幾多の試錬に堪へ、現在及び将来の国民に対し、侵すことのできない永久の権利として信託されたものである。

第98条　この憲法は、国の最高法規であつて、その条規に反する法律、命令、詔勅及び国務に関するその他の行為の全部又は一部は、その効力を有しない。

②　日本国が締結した条約及び確立された国際法規は、これを誠実に遵守することを必要とする。

第99条　天皇又は摂政及び国務大臣、国会議員、裁判官その他の公務員は、この憲法を尊重し擁護する義務を負ふ。

第11章　補　則

第100条　この憲法は、公布の日から起算して6箇月を経過した日から、これを施行する。

②　この憲法を施行するために必要な法律の制定、参議院議員の選挙及び国会召集の手続並びにこの憲法を施行するために必要な準備手続は、前項の期日よりも前に、これを行ふことができる。

第101条　この憲法施行の際、参議院がまだ成立してゐないときは、その成立するまでの間、衆議院は、国会としての権限を行ふ。

第102条　この憲法による第一期の参議院議員のうち、その半数の者の任期は、これを3年とする。その議員は、法律の定めるところにより、これを定める。

第103条　この憲法施行の際現に在職する国務大臣、衆議院議員及び裁判官並びにその他の公務員で、その地位に相応する地位がこの憲法で認められてゐる者は、法律で特別の定をした場合を除いては、この憲法施行のため、当然にはその地位を失ふことはない。但し、この憲法によつて、後任者が選挙又は任命されたときは、当然その地位を失ふ。

索　引

ラ 行

【編著者紹介】

新田　浩司（にった・ひろし）
　駒澤大学大学院法学研究科（公法専攻）博士課程
　現在　高崎経済大学地域政策学部　教授
　専門　憲法、行政法、航空法
　主な著作
　『プロローグ行政法［増補改訂版］』（共著　八千代出版　2021 年）
　『公法基礎入門［改訂増補第 2 版］』（共著　八千代出版　2015 年）
　『景観法と地域政策を考える』（共著　勁草書房　2014 年）
　『地域政策と市民参加』（共著　ぎょうせい　2006 年）

法学憲法基礎

2021 年 4 月 20 日　第 1 版 1 刷発行
2023 年 2 月 1 日　第 1 版 2 刷発行

編著者—新田浩司
発行者—森口恵美子
印刷所—美研プリンティング（株）
製本所—（株）グリーン
発行所—八千代出版株式会社

〒101
-0061　東京都千代田区神田三崎町 2-2-13

TEL　03-3262-0420
FAX　03-3237-0723
振替　00190-4-168060

＊定価はカバーに表示してあります。
＊落丁・乱丁本はお取替えいたします。